Dulcinéia L. D. Santos

Nota Fiscal e NF-e

CST, CFOP e outras informações

2023

Texto, revisão, capa e diagramação: Dulcineia L. D. Santos

Impressão: Clube de Autores Publicações S/A

Dados Internacionais de Catalogação na Publicação (CIP)
(Câmara Brasileira do Livro, SP, Brasil)

Santos, Dulcinéia L. D.
Nota fiscal e NF-e : CST, CFOP e outras informações / Dulcineia L. D. Santos. -- São Paulo : Ed. da Autora, 2023.

Bibliografia.
ISBN 978-65-00-70356-6

1. Código de Situação Tributária (Brasil)
2. Código Fiscal de Operações e Prestações (Brasil)
3. Contabilidade 4. Escrituração fiscal digital
5. Impostos - Brasil I. Título.

23-157880 CDD-657

Índices para catálogo sistemático:

1. Contabilidade 657

Eliane de Freitas Leite - Bibliotecária - CRB 8/8415

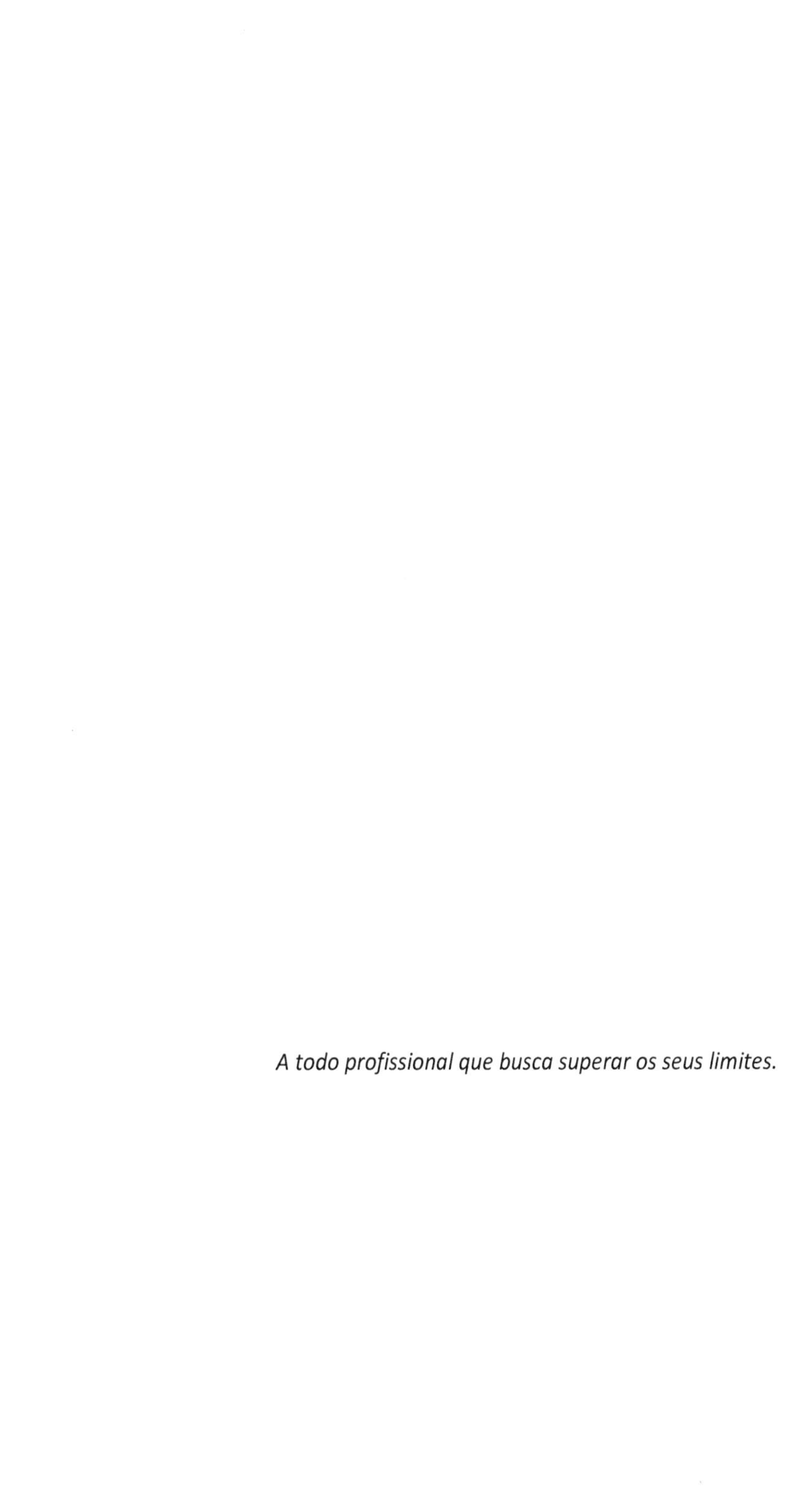

A todo profissional que busca superar os seus limites.

Siglas

CCG: Cadastro Centralizado de GTIN

CEST: Código Especificador da Substituição Tributária

CFOP: Código Fiscal de Operações e de Prestações

CONFAZ: Conselho Nacional de Política Fazendária

CRT: Código de Regime Tributário

CSOSN: Código de Situação da Operação no Simples Nacional

CST-COFINS: Código da Situação Tributária Referente à COFINS

CST-ICMS: Código de Situação Tributária do ICMS

CST-IPI: Código da Situação Tributária Referente ao Imposto Sobre Produtos Industrializados

CST-PIS: Código da Situação Tributária Referente ao PIS/PASEP

CTN: Código Tributário Nacional - Lei nº 5.172/1966.

DANFE: Documento Auxiliar da Nota Fiscal Eletrônica

EAN: Número Europeu de Artigo Comercial (European Article Number)

GTIN: Global Trade Item Number (Número de Identificação Comercial Global - na legislação da NF-e: Numeração Global de Item Comercial)

ICMS: Imposto sobre Operações Relativas à Circulação de Mercadorias e sobre Prestações de Serviços de Transporte Interestadual e Intermunicipal e de Comunicação

IPI: Imposto sobre Produtos Industrializados

MOC: Manual de Orientação do Contribuinte

NCM: Nomenclatura Comum do Mercosul

NF: Nota Fiscal

NF-e: Nota Fiscal Eletrônica (Modelo 55)

RFB: Secretaria da Receita Federal do Brasil

RICMS: Regulamento do ICMS

RIPI: Regulamento do IPI

SEFAZ: Secretaria Estadual de Fazenda

SINIEF: Sistema Nacional Integrado de Informações Econômico-Fiscais

SPED: Sistema Público de Escrituração Digital

STF: Supremo Tribunal Federal

TIPI: Tabela de Incidência do Imposto sobre Produtos Industrializados

UF: Unidade da Federação

XML: E**X**tensible **M**arkup **L**anguage (Linguagem de Marcas Extensível – na legislação da NF-e: E**X**tended **M**arkup **L**anguage)

Apresentação

Essa não é uma obra "fechada" e com todas as informações sobre o tema (do tipo "tudo o que você queria saber sobre esse assunto e não tinha para quem perguntar") por duas boas razões: a) o assunto é muito amplo e se for procurar falar sobre "tudo" que possa ser dito, o texto nunca ficará pronto; e b) as informações e os procedimentos são previstos na legislação e, quando parece que está resolvido, as normas são alteradas e é necessário um ajuste às novas regras publicadas.

Por isso, atuar na área Fiscal ou Tributária é um grande desafio para o nosso conhecimento (e paciência). Considero uma grande injustiça não existir uma faculdade de "Ciências Fiscais", ou algo nessa linha, porque essa é uma "área do conhecimento" que não tem uma graduação formal (se alguém conhecer alguma faculdade nessa área, por favor, me avise).

Nos cursos que já apresentei, é muito comum me perguntarem "para atuar na área Fiscal, qual a faculdade devo fazer?".

A resposta é: não há uma faculdade específica para a área Fiscal/Tributária. Na prática, a pessoa pode ter qualquer formação, desde que não tenha aversão à leitura de legislação.

Essa atividade profissional está localizada em algum ponto entre a área de atuação do contabilista e do advogado. As faculdades de Ciências Contábeis ou de Direito não preparam, exatamente, o profissional para atuar na área Fiscal. É necessário ter algum conhecimento contábil e facilidade em interpretação de legislação para ser um bom profissional na área de Fiscal. E fazer vários cursos livres e específicos para desenvolver o conhecimento necessário para a rotina do setor.

Nesse texto vamos abordar as informações apresentadas na Nota Fiscal.

Muitos podem pensar "os sistemas fazem tudo, por que eu preciso me preocupar?". Resposta: Os sistemas fazem o que alguém mandou fazer. Como saber se está tudo correto? Como garantir que a empresa não vai receber uma penalidade no futuro?

Eu considero que todo sistema deve ter pai e mãe (ou dois pais ou duas mães, o gênero não importa). Os sistemas devem ser monitorados. O profissional da área de Informática é responsável por garantir o funcionamento do sistema. O profissional da área Fiscal, ou Tributária, deve ser responsável por garantir que tudo que está sendo feito pelo sistema está de acordo com o que está previsto na legislação.

É o profissional da área Fiscal quem deve solicitar ao profissional da área de Informática os ajustes necessários decorrentes das exigências legais. Não é coerente esperar que o profissional da área de Informática seja o responsável por tudo.

Muitas empresas "jogam todas as suas fichas" na aquisição de "super sistemas" e acreditam que todos os seus problemas acabaram (acabaram de começar...). Não adianta ter um sistema que automatiza todos os processos se os profissionais responsáveis por alimentar o sistema, com os dados cadastrais e informações desses processos, não sabem o que estão fazendo. Sem contar que, muitas vezes, os processos e atividades das empresas estão incorretos, considerando a legislação em vigor, e, simplesmente, são "automatizados" os erros que eram cometidos há muitos anos de forma manual. E ainda dizem "sempre foi assim". Então, sempre foi errado ...

A Nota Fiscal é um bom exemplo do que é automatizado errado. A emissão de uma Nota Fiscal requer o conhecimento do processo e da legislação relativa aos tributos incidentes na operação. E podem existir procedimentos específicos, decorrentes de regime especial, que deverão ser observados.

Vão perguntar: "A NF-e não é conferida pela Secretaria da Fazenda"? **Não, não é**. Antes da autorização é feita a validação de campos da NF-e com base em regras estabelecidas. Há campos e informações que não são verificados. E aí, como fica?

Caso os profissionais das áreas Fiscal ou Tributária não tenham o conhecimento adequado, ou não acompanhem o que é feito, não é o sistema que irá trazer a solução milagrosa. Isso é responsabilidade das pessoas. Ou vamos deixar por conta da IA (Inteligência Artificial)?

Mesmo com tantos anos de experiência, não é difícil ocorrer nos cursos que apresento a situação de um participante fazer uma pergunta de 10 segundos e eu perceber que não tenho a mínima ideia sobre aquele assunto. Nessa hora, sou obrigada a dizer "vou pesquisar" e passo dois dias procurando a resposta.

Não vejo problema algum nisso. Como dizem, "faz parte". Por isso, já disse no início que não será encontrado tudo sobre esse assunto aqui. A proposta é fazer uma abordagem sobre os aspectos principais e sanar essas dúvidas. E, pode ter certeza, ainda há muito mais para ser visto. Para quem atua nessa área, boa sorte!

E, então, vamos falar sobre ... **Nota Fiscal e NF-e**.

A autora.

Sumário

Introdução

Para falar sobre Nota Fiscal é necessário fazer uma passagem da "era do papel" para a "era da tecnologia". A NF-e do arquivo XML é uma evolução do bloco com 4 ou 5 vias (e com papel carbono) que as empresas utilizavam.

Entretanto, a Nota Fiscal não é só tecnologia. Também é a legislação, os procedimentos e as normas que precisam ser observados. E que nem sempre são.

Neste livro serão abordados vários assuntos que fazem parte das dúvidas de cursos. O que podem parecer simples para uns é um grande mistério para outros. Há várias informações na NF-e que só o sistema sabe para que serve aquilo. Então, vamos apresentar alguns conceitos e responder a alguns "por quês". E a resposta não será "sempre foi assim ...".

Começamos tratando algumas características da Nota Fiscal e as condições para a emissão. Todos devem saber, mas ... não custa relembrar, né?

Vamos tratar o CFOP, a formação do código e alguns detalhes sobre a utilização. Temos a tabela inserida no item 2.5, que estaria em vigor até 31/03/2024 e que seria alterada em 01/04/2024. Mas, não vai mais alterar. A nova tabela foi revogada em 04/10/2023. E há um comentário sobre a Natureza da Operação (eu não poderia deixar escapar essa oportunidade).

Trataremos os Códigos de Situação Tributária do ICMS, do IPI, do PIS e da COFINS. E as tabelas dos CSTs estão incluídas. O CST-ICMS está passando por alguns ajustes e, também, tínhamos a previsão da entrada em vigor de uma nova Tabela B em 01/04/2024, substituindo a Tabela B em vigor. Essa nova tabela, também, foi cancelada. As tabelas utilizadas pelos contribuintes no Regime Periódico de Apuração e pelos contribuintes optantes pelo Simples Nacional continuarão em vigor e separadas. As duas tabelas estão no capítulo 3. E abordaremos o uso do CRT e do Código de Benefício Fiscal. O Código de Benefício Fiscal é uma informação que não é utilizada em todos os Estados, mas, é necessário saber como funciona.

O CEST e o Indicador de Produção em Escala Relevante, também, serão tratados. Há muita gente que confunde a função do CEST. Aliás, confundem tudo o que se refere ao regime da substituição tributária (e esse é um tema que vamos trazer na próxima publicação, se a reforma tributária não sair antes ...).

E já que vamos falar do CST-IPI, abordaremos, também, o Código de Enquadramento do IPI, que é uma informação validada no arquivo da NF-e. E eu já ouvi comentário, em curso, sobre o uso de uma informação "fixa", sem saber a razão disso. Então, vamos procurar esclarecer esse "detalhe".

Vamos comentar o GTIN, que passou a ser validado em setembro/2022. A validação está sendo implantada por etapas e a segunda fase, com a ampliação de segmentos de mercadorias, iniciada em 03/07/2023 (previsão na NT). Há previsão que novos grupos entrem na validação, gradativamente.

Por fim, e não menos importante (como dizem), trataremos os procedimentos para a regularização dos erros que ocorrem com as Notas Fiscais. Coisa simples! Comentaremos a emissão da carta de correção e as condições para o cancelamento da Nota Fiscal. Citaremos algumas respostas de consulta da Secretaria da Fazenda de São Paulo para elucidar as questões mais complexas.

No texto constam os links da base legal que foi utilizada, para facilitar a localização e o acesso às informações. É sempre bom confirmar ... e pode ocorrer alguma alteração. Tudo é possível.

Hoje, temos os buscadores da internet e a inteligência artificial para trazer as respostas. Entretanto, temos que saber que o que vale é o que está disposto na legislação. Por isso, sempre devemos conhecer a fonte da informação - a base legal. É só isso.

Se você se interessou pelo assunto, vamos nessa!

Nota:
O texto foi adequado às alterações decorrentes da publicação dos Ajustes SINIEF nºs 29/2023, 34/2023, 39/2023 e 40/2023, ocorrida em 04/10/2023.

1. O que é a Nota Fiscal?

A **Nota Fiscal é um documento** e como tal deve ser tratada. Sempre digo isso em aula e não me canso de repetir.

Na legislação tributária, temos 2 tipos de obrigação: a obrigação principal e a obrigação acessória. A Nota Fiscal é uma obrigação acessória.

Conforme dispõe o Código Tributário Nacional (CTN) - Lei nº 5.172/1966[1]:

> *"**Art. 113**. A obrigação tributária é principal ou acessória.*
>
> *§ 1º A obrigação principal surge com a ocorrência do fato gerador, tem por objeto o pagamento de tributo ou penalidade pecuniária e extingue-se juntamente com o crédito dela decorrente.*
>
> *§ 2º **A obrigação acessória decorre da legislação tributária** e tem por objeto as prestações, positivas ou negativas, nela previstas no interesse da arrecadação ou da fiscalização dos tributos.*
>
> *§ 3º **A obrigação acessória, pelo simples fato da sua inobservância, converte-se em obrigação principal relativamente à penalidade pecuniária.**"*

A obrigação principal é o próprio tributo. A obrigação acessória, podemos dizer, é tudo aquilo que o contribuinte deve fazer para demonstrar ao Fisco que o recolhimento do tributo foi efetuado de forma correta. Como exemplo, podemos citar a emissão de documentos fiscais, a escrituração fiscal (e contábil) e a entrega de declarações.

É comum que os contribuintes se preocupem com o cumprimento da obrigação principal (cálculo e recolhimento dos tributos), pois, a penalidade decorrente de erros pode ser muito alta.

Mas, o não cumprimento da obrigação acessória, também, está sujeito a penalidades (veja o § 3º do Art. 113 do CTN e as penalidades previstas nos Regulamentos do ICMS e do IPI). Então, por que os contribuintes parecem não se preocupar com esses "detalhes"? Falta de tempo? Falta de conhecimento? Falta de comunicação? Ou, falta de vontade ...

É provável que seja por um pouco de tudo isso. E pode ser evitado o recebimento de penalidades com pequenos cuidados. Começando por uma revisão das informações apresentadas nos documentos fiscais.

---

[1] O texto do Código Tributário Nacional pode ser encontrado no seguinte endereço: http://www.planalto.gov.br/ccivil_03/Leis/L5172.htm

1.1 Nota Fiscal ou NF-e?

A emissão da Nota Fiscal está prevista no Convênio SINIEF s/nº, de 15/12/1970[2], que criou o Sistema Nacional Integrado de Informações Econômico-Fiscais.

> *"**Art. 6º** Os contribuintes do Imposto sobre Produtos Industrializados e/ou Imposto sobre Operações Relativas à Circulação de Mercadorias e sobre a Prestação de Serviços de Transporte Interestadual, Intermunicipal e de Comunicações **emitirão, conforme as operações que realizarem, os seguintes documentos fiscais**:*
>
> *I - Nota Fiscal, modelos 1 ou 1-A;*
>
> *(...)"*

> *"**Art. 18.** Os estabelecimentos, excetuados os de produtores agropecuários, **emitirão Nota Fiscal**:*
>
> *I - **sempre que promoverem a saída de mercadorias**;*
>
> *II - na transmissão da propriedade das mercadorias, quando estas não devam transitar pelo estabelecimento transmitente.*
>
> *III - sempre que, no estabelecimento, entrarem bens ou mercadorias, real ou simbolicamente, nas hipóteses do artigo 54."*

Com a instituição do SPED[3], os documentos e os livros, previstos na legislação, passaram a ser emitidos de forma eletrônica. Assim, surgiu a NF-e em substituição à Nota Fiscal.

E o que é o SPED?

O SPED é o Sistema Público de Escrituração Digital, instituído em janeiro de 2007. É um projeto[4] coordenado pela Receita Federal do Brasil que, em conjunto com as *"Administrações Tributárias dos Estados, do Distrito Federal e dos Municípios, e os órgãos e as entidades da administração pública federal direta e indireta, com atribuição legal de regulação, normatização, controle e fiscalização dos empresários e das pessoas jurídicas"*, visa unificar *"as atividades de recepção, validação, armazenamento e autenticação de livros e documentos que integram a escrituração contábil e fiscal dos empresários e das pessoas jurídicas, inclusive imunes ou isentas, mediante fluxo único, computadorizado, de informações"*.

---

[2] O texto do Convênio SINIEF s/nº, de 15/12/1970, pode ser encontrado no seguinte endereço: https://www.confaz.fazenda.gov.br/legislacao/ajustes/sinief/cvsn_70

[3] O SPED foi instituído com o Decreto nº 6.022/2007, que pode ser encontrado no seguinte endereço: http://www.planalto.gov.br/ccivil_03/_ato2007-2010/2007/decreto/D6022.htm

[4] http://sped.rfb.gov.br/

Tudo teve início com a Emenda Constitucional nº 42/2003, que introduziu o inciso XXII ao Art. 37 da Constituição Federal de 1988 determinando às Administrações Tributárias da União, dos Estados, do Distrito Federal e dos Municípios a atuação de forma integrada e com o **compartilhamento** de cadastros e de informações fiscais.

Com o SPED, todas as obrigações acessórias deverão ser convertidas para o formato digital e padronizado, possibilidade de intercâmbio de informações e a integração da Fiscalização das três esferas governamentais, agilizando a identificação de ***ilícitos tributários***.

Várias obrigações acessórias, além da Nota Fiscal, já estão integradas ao SPED. Cada documento, livro ou declaração é um módulo independente, com sua legislação e especificação técnica própria. Entretanto, suas informações estão integradas ao "Universo SPED", permitindo o cruzamento e a validação dos dados, se necessário. Exemplos:

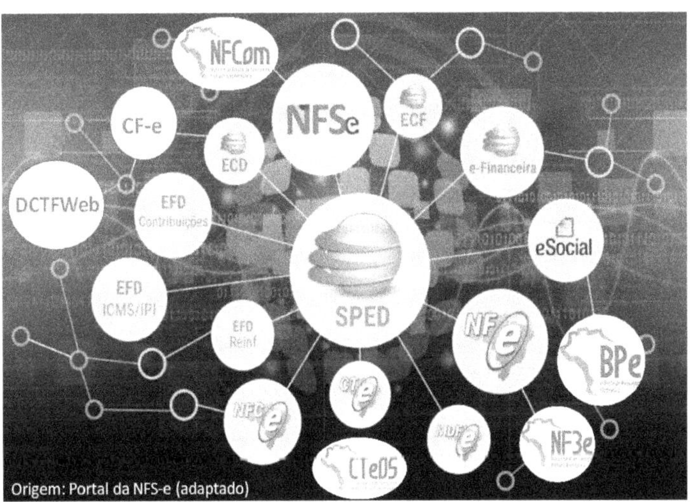

Origem: Portal da NFS-e (adaptado)

Figura 1: Universo SPED

A Nota Fiscal Eletrônica (NF-e) foi o primeiro módulo do SPED a ser implantado. Aliás, a NF-e "nasceu" antes do próprio SPED. O decreto instituindo o SPED foi publicado em janeiro/2007 e o Ajuste SINIEF criando a NF-e foi publicado em outubro/2005. Esse foi mais um "problema técnico" na implantação do SPED. Um outro foi a criação da EFD-ICMS/IPI com uma norma inadequada. São histórias do SPED ...

A Nota Fiscal Eletrônica – NF-e, Modelo 55, foi instituída através do Ajuste SINIEF nº 07/2005[5]:

> *"**Cláusula primeira Fica instituída a Nota Fiscal Eletrônica - NF-e, modelo 55,** que poderá ser **utilizada pelos contribuintes do** Imposto sobre Produtos Industrializados - **IPI** ou Imposto sobre Operações Relativas à Circulação de Mercadorias e sobre a Prestação de Serviços de Transporte Interestadual e Intermunicipal e de Comunicação - **ICMS em substituição**:*
>
> *I - à **Nota Fiscal**, modelo 1 ou 1-A;*
>
> *II - à Nota Fiscal de Produtor, modelo 4.*
> *(...)"*

É importante observar que, mesmo que o texto do Ajuste SINIEF 07/2005 indique *"poderá ser utilizada ... em substituição ..."*, o uso da NF-e passou a ser obrigatório para os contribuintes do ICMS ou do IPI com base nas disposições dos Protocolos ICMS nºs 10/2007[6] e 42/2009[7].

Assim, a emissão da NF-e não é uma opção do contribuinte. A NF-e passou a substituir a Nota Fiscal, mas, não houve a publicação de uma legislação tributária própria para a NF-e. Existe uma documentação técnica (conhecida por MOC - Manual de Orientação do Contribuinte), que dispõe sobre o leiaute e as informações específicas sobre a forma "eletrônica" de emissão do documento.

Por isso, o contribuinte deverá observar o que estabelece a legislação tributária da Nota Fiscal, no aspecto que não conflitar com a forma eletrônica de emissão, para preencher os campos previstos no leiaute da NF-e. Nesta obra, vamos abordar algumas dessas informações.

O contribuinte é obrigado a cumprir essa exigência (sem constar em lei)?

Sim.

Esse questionamento decorre do que está disposto na Constituição Federal de 1988[8]:

---

[5] O texto do Ajuste SINIEF nº 07/2005 pode ser encontrado no seguinte endereço: https://www.confaz.fazenda.gov.br/legislacao/ajustes/2005/AJ007_05

[6] O texto do Protocolo ICMS nº 10/2007 pode ser encontrado no seguinte endereço: https://www.confaz.fazenda.gov.br/legislacao/protocolos/2007/pt010_07

[7] O texto do Protocolo ICMS nº 42/2009 pode ser encontrado no seguinte endereço: https://www.confaz.fazenda.gov.br/legislacao/protocolos/2009/pt042_09

[8] O texto da Constituição Federal de 1988 pode ser encontrado no seguinte endereço: http://www.planalto.gov.br/ccivil_03/Constituicao/Constituicao.htm

*"**Art. 5º** Todos são iguais perante a lei, sem distinção de qualquer natureza, garantindo-se aos brasileiros e aos estrangeiros residentes no País a inviolabilidade do direito à vida, à liberdade, à igualdade, à segurança e à propriedade, nos termos seguintes:*

(...)

*II - **ninguém será obrigado a fazer ou deixar de fazer alguma coisa senão em virtude de lei;***

(...)"

Veja bem ... .

Pode não existir uma "lei", propriamente dita, que exija a emissão da NF-e. Mas, há normas complementares para isso.

É possível encontrar as expressões "deveres de contorno" ou "deveres instrumentais", em substituição à expressão "obrigações acessórias" na doutrina jurídica, para fazer referência aos meios utilizados pela Fiscalização para o controle do correto recolhimento dos tributos.

Bem como, podem surgir questões jurídico-tributárias sobre a necessidade de lei para a exigência de obrigações acessórias, como ocorre para a exigência do cumprimento da obrigação principal.

Mas, o Código Tributário Nacional dispõe, no Art. 96, que:

*"**Art. 96.** A expressão "legislação tributária" compreende as leis, os tratados e as convenções internacionais, os decretos e as **normas complementares** que versem, no todo ou em parte, sobre tributos e relações jurídicas a eles pertinentes."*

Os Convênios e os Ajustes SINIEF se enquadram no conceito de normas complementares.

O Professor Humberto Bonavides Borges aborda esse tema na seção 32, página 254, do seu livro "***Planejamento Tributário – IPI, ICMS, ISS e IR***", que se encontra 14ª edição, onde manifesta o entendimento que "***ato expedido pela autoridade fazendária poderá exigir o cumprimento de deveres instrumentais ou de obrigações acessórias***". Esse entendimento foi confirmado na decisão do STF na **Ação Cível Originária 1098**[9].

[9] Disponível em: https://portal.stf.jus.br/processos/detalhe.asp?incidente=2577978

1.2 Quando deve ser emitida a Nota Fiscal?

A Nota Fiscal deve ser emitida nas situações (e condições) previstas na legislação tributária. Há hipóteses de emissão dispostas no Convênio SINIEF s/nº, de 15/12/1970, que são recepcionadas nos Regulamentos do ICMS das Unidades da Federação.

Quem deve emitir Nota Fiscal?

> *"**Art. 18. Os estabelecimentos**, excetuados os de produtores agropecuários, **emitirão Nota Fiscal**:*
>
> *I - **sempre que promoverem a saída de mercadorias**;*
>
> *II - na transmissão da propriedade das mercadorias, quando estas não devam transitar pelo estabelecimento transmitente.*
>
> *III - sempre que, no estabelecimento, entrarem bens ou mercadorias, real ou simbolicamente, nas hipóteses do artigo 54."*

Quando deve ser emitida a Nota Fiscal?

> *"**Art. 20. A Nota Fiscal será emitida**:*
>
> *I - **antes de iniciada a saída das mercadorias**;*
>
> *II - no momento do fornecimento de alimentação, bebidas e outras mercadorias, em restaurantes, bares, cafés e estabelecimentos similares;*
>
> *III - antes da tradição real ou simbólica das mercadorias:*
>
> *a) nos casos de transmissão de propriedade de mercadorias ou de títulos que as represente, quando estas não transitarem pelo estabelecimento do transmitente;*
>
> *b) nos casos de ulterior transmissão de propriedade e de mercadorias, que tendo transitado pelo estabelecimento transmitente, deste tenham saído sem o pagamento do Imposto sobre Produtos Industrializados e/ou Imposto de Circulação de Mercadorias, em decorrência de locação ou de remessas para armazéns gerais ou depósitos fechados.*
>
> *IV - **relativamente à entrada de bens ou mercadorias**, nos momentos definidos no artigo 56.*
>
> *§ 1º Na Nota Fiscal emitida no caso de ulterior transmissão de propriedade de mercadorias, previstas na alínea "b" do inciso III, deverão ser mencionados o número, a série e subsérie e a data da Nota Fiscal emitida anteriormente por ocasião da saída das mercadorias.*
>
> *§ 2º No caso de mercadorias de procedência estrangeira que, sem entrar em estabelecimento do importador ou arrematante, sejam por este remetidas a terceiros, deverão o importador ou arrematante emitir Nota Fiscal, com a declaração de que as mercadorias sairão diretamente da repartição federal em que se processou o desembaraço."*

Deve ser observado que, além das situações em que há saída ou entrada de mercadorias (ou produtos) no estabelecimento, há ocasiões específicas em que a legislação, também, determina a emissão de Nota Fiscal.

*"**Art. 21.** A Nota Fiscal, **além das hipóteses previstas no artigo anterior, será também emitida:***

I - no caso de mercadorias cuja unidade não possa ser transportada de uma só vez, desde que o Imposto sobre Produtos Industrializados e/ou o Imposto de Circulação de Mercadorias deva incidir sobre o todo;

II - no reajustamento de preço em virtude de contrato escrito de que decorra acréscimo do valor das mercadorias;

III - na regularização em virtude de diferença de preço ou de quantidade das mercadorias, quando efetuada no período de apuração dos respectivos impostos em que tenha sido emitida a Nota Fiscal originária;

IV - para lançamento do Imposto sobre Produtos Industrializados e/ou do Imposto de Circulação de Mercadorias, não pagos nas épocas próprias, em virtude de erro de cálculo ou de classificação fiscal, quando a regularização ocorrer no período de apuração dos respectivos impostos em que tenha sido emitida a Nota Fiscal originária;

V - no caso de diferença apurada no estoque de selos especiais de controle fornecidos ao usuário, pelas repartições do Fisco federal, para aplicação em seus produtos.

(...)"

A emissão da Nota Fiscal por ocasião da entrada deve ocorrer nas condições estabelecidas na legislação. Não é admitida a emissão de Nota Fiscal de entrada para suprir a omissão de um contribuinte que esteja obrigado a fazê-lo.

*"**Art. 54.** O contribuinte, excetuado o produtor agropecuário, **emitirá nota fiscal sempre que em seu estabelecimento entrarem bens ou mercadorias, real ou simbolicamente**:*

*I - **novos ou usados, remetidas a qualquer título por particulares, produtores agropecuários ou pessoas físicas ou jurídicas não obrigados à emissão de documentos fiscais**;*

II - em retorno, quando remetidos por profissionais autônomos ou avulsos, aos quais tenham sido enviados para industrialização;

III - em retorno de exposições ou feiras, para as quais tenham sido remetidos exclusivamente para fins de exposição ao público;

IV - em retorno de remessas feitas para venda fora do estabelecimento, inclusive por meio de veículos;

V - importados diretamente do exterior, bem como os arrematados em leilão ou adquiridos em concorrência promovidos pelo Poder Público;

*VI - **em outras hipóteses previstas na legislação**.*

(...)"

*"**Art. 56.** Na hipótese do artigo 54 a **nota fiscal será emitida, conforme o caso**:*

*I - **no momento em que os bens ou as mercadorias entrarem no estabelecimento**;*

II - no momento da aquisição da propriedade, quando as mercadorias não devam transitar pelo estabelecimento do adquirente;

III - antes de iniciada a remessa, nos casos previstos no seu § 1º.

Parágrafo único. A emissão da nota fiscal, na hipótese do item 1 do § 1º do artigo 54, não exclui a obrigatoriedade da emissão da Nota Fiscal de Produtor."

No Regulamento do IPI, Decreto nº 7.212/2010[10], as disposições gerais relativas à emissão de Nota Fiscal constam nos artigos 392, 396 e 434:

> "**Art. 392.** *Os estabelecimentos emitirão os seguintes documentos, conforme a natureza de suas atividades:*
>
> *I - Nota Fiscal, modelos 1 ou 1-A;*
>
> *(...)"*

> "**Art. 396.** ***Os estabelecimentos emitirão a nota fiscal, modelos 1 ou 1-A**:*
>
> *I - **sempre que promoverem a saída de produtos**;*
>
> *II - sempre que, no estabelecimento, entrarem produtos, real ou simbolicamente, nas hipóteses do art. 434; e*
>
> *III - **nos demais casos previstos neste Regulamento**."*

> "**Art. 434.** ***A nota fiscal, modelo 1 ou 1-A, será emitida sempre que no estabelecimento entrarem**, real ou simbolicamente, produtos:*
>
> *I - novos ou usados, inclusive matéria-prima, produto intermediário e material de embalagem, remetidos a qualquer título por particulares ou firmas não obrigadas à emissão de documentos fiscais;*
>
> *II - importados diretamente do exterior, bem como os adquiridos em licitação promovida pelo Poder Público;*
>
> *III - considerados matéria-prima, produto intermediário e material de embalagem, remetidos a estabelecimentos industriais por órgãos públicos, para fabricação de produtos, por encomenda, para seu próprio uso ou consumo;*
>
> *IV - recebidos para conserto, restauração ou recondicionamento, salvo se acompanhados de nota fiscal;*
>
> *V - em retorno de exposição em feiras de amostras e promoções semelhantes, ou na sua venda ou transferência a terceiros sem retorno ao estabelecimento de origem;*
>
> *VI - em retorno de produtos que tenham saído para vitrinas isoladas, desfiles e outras demonstrações públicas;*
>
> *VII - em retorno de profissionais autônomos ou avulsos, aos quais tenham sido enviados para operação que não obrigue o remetente à emissão de nota fiscal;*
>
> *VIII - em retorno de remessas feitas para venda fora do estabelecimento, inclusive por meio de ambulantes;*
>
> *IX - no retorno de remessas que deixarem de ser entregues aos seus destinatários; e*
>
> *X - **nas demais hipóteses em que for prevista a sua emissão**."*

Como indica o texto "nos demais casos previstos neste Regulamento", a legislação do IPI (bem como, a legislação do ICMS) pode estabelecer outras hipóteses de emissão da Nota Fiscal. Cabe ao contribuinte observar a norma vigente para a operação que estiver praticando.

---

[10] O texto do Decreto nº 7.212/2010 pode ser encontrado no seguinte endereço: http://www.planalto.gov.br/ccivil_03/_ato2007-2010/2010/decreto/D7212.htm

Se não houver previsão expressa para a emissão de Nota Fiscal, é vedada a emissão que não corresponder a uma saída de mercadoria. Essa disposição está expressa na legislação.

Convênio SINIEF s/nº, de 15/12/1970:

> *"**Art. 44**. Fora dos casos previstos nas legislações dos Impostos sobre Produtos Industrializados e de Circulação de Mercadorias **é vedada a emissão de Nota Fiscal que não corresponda a uma efetiva saída de mercadorias**."*

Regulamento do IPI, Decreto nº 7.212/2010:

> *"**Art. 411.** Fora dos casos previstos neste Regulamento e na legislação estadual, **é vedada a emissão de nota fiscal que não corresponda a uma efetiva saída de mercadoria**."*

Na legislação das Unidades da Federação é possível encontrar a vedação, também para a emissão de Nota Fiscal que não corresponda uma efetiva entrada de mercadoria.

Exemplo: Art. 204 do RICMS de São Paulo – Decreto nº 45.490/2000[11]:

> *"**Artigo 204** - **É vedada** a emissão de documento fiscal que **não corresponda a uma efetiva saída ou entrada de mercadoria ou a uma efetiva prestação de serviço,** exceto nas hipóteses expressamente previstas na legislação do Imposto sobre Produtos Industrializados ou do Imposto de Circulação de Mercadorias e de Prestação de Serviços."*

1.3 Informações apresentadas na Nota Fiscal

A legislação dispõe sobre as informações que devem ser apresentadas na Nota Fiscal.

Há informações obrigatórias, como a identificação do remetente e do destinatário da mercadoria, descrição da operação e a discriminação da mercadoria (com a indicação de elementos que permitam **sua perfeita identificação**), que são dados comuns a todas as operações, e há as informações exigidas para apenas alguns tipos de operação ou destinadas a segmentos específicos.

No Convênio SINIEF s/nº, de 15/12/1970, os campos e as informações que devem ser apresentados na Nota Fiscal estão indicados no Art. 19.

No Regulamento do IPI, Decreto nº 7.212/2010, os campos e as informações estão indicados no Art. 413.

---

[11] https://legislacao.fazenda.sp.gov.br/Paginas/ind_art.aspx

Antes da NF-e, "as informações apresentadas na Nota Fiscal" eram aquelas que estavam no papel, colocadas nos campos existentes no formulário por ocasião da emissão. Com a implantação da Nota Fiscal Eletrônica – NF-e, Modelo 55, outros campos foram criados e não estão mencionados no Convênio SINIEF ou nos Regulamentos do IPI ou do ICMS. Mas, mesmo assim, o contribuinte deve observar o seu preenchimento e verificar as regras de validação que possam existir. Exemplo: Cláusula terceira do Ajuste SINIEF 07/2005.

A NF-e é um documento digital. Em trânsito, a mercadoria é acompanhada pelo DANFE (Documento Auxiliar da Nota Fiscal Eletrônica), que é uma representação gráfica da NF-e. Consta na página 18 do MOC da NF-e – Visão Geral:

> *"O DANFE **não é nota fiscal, nem a substitui**, servindo apenas como instrumento auxiliar para consulta da NF-e, pois contém a chave de acesso da NF-e, que permite ao detentor desse documento confirmar, através das páginas da Secretaria de Fazenda Estadual ou da Receita Federal do Brasil (RFB), a efetiva existência de uma NF-e que tenha tido seu uso regularmente autorizado."*

O DANFE tem uma aparência próxima ao que era a Nota Fiscal em papel. E o que vemos no DANFE é apenas uma parte das informações que estão no arquivo XML da NF-e. O Anexo II do MOC da NF-e é o **Manual de Especificações Técnicas do DANFE e Código de Barras** e dispõe sobre as informações relativas ao leiaute e ao preenchimento do DANFE. Importante: as especificações técnicas são "técnicas". Não é o MOC da NF-e que vai determinar a forma de tributação da operação. O contribuinte é quem deve ter esse conhecimento.

Se o DANFE não é a Nota Fiscal, o que é a Nota Fiscal? É o arquivo gerado no padrão **XML**. Eis um exemplo (essa é a primeira NF-e autorizada no Brasil):

```
<?xml version="1.0"?>
- <NFe xmlns="http://www.portalfiscal.inf.br/nfe">
  - <infNFe Id='                                        " versao="1.07">
    - <ide>
        <cUF>43</cUF>
        <cNF>137530928</cNF>
        <natOp>TRANSFERENCIA REMETIDA MERCADORIA - D/UF - ATACADO P/ VAREJO</natOp>
        <indPag>1</indPag>
        <mod>55</mod>
        <serie>7</serie>
        <nNF>1</nNF>
        <dEmi>2006-09-14</dEmi>
        <dSaiEnt>2006-09-15</dSaiEnt>
        <tpNF>1</tpNF>
        <cMunFG>0014902</cMunFG>
        <refNFe>                                  </refNFe>
        <tpImp>1</tpImp>
        <tpEmis>N</tpEmis>
        <cDV>6</cDV>
      </ide>
```

Figura 2: Arquivo XML

O MOC[12] da NF-e e seus anexos estão no item "Manuais", da aba "Documentos", na página da NF-e.

O Ajuste SINIEF nº 07/2005, que instituiu a NF-e, indica alguns campos de interesse para a tributação da operação (adicionais aos campos já indicados no Convênio SINIEF s/nº, de 15/12/1970).

Todas as informações necessárias para a emissão da NF-e estão no Manual de Orientação ao Contribuinte - MOC e nas Notas Técnicas. Essa documentação pode ser encontrada na página da Nota Fiscal Eletrônica[13].

Nesta publicação vamos tratar as seguintes informações da NF-e: CFOP, Código de Situação Tributária (ICMS, IPI, PIS e COFINS), CRT, CEST, Indicador de Produção em Escala Relevante, Código de Enquadramento do IPI, Código de Benefício Fiscal e GTIN. E, também, vamos comentar a regularização de erros no documento fiscal.

1.4 Número e Série da Nota Fiscal

O número identifica uma Nota Fiscal. E a série deve ser utilizada quando o contribuinte tiver interesse em utilizar sequências de números distintas.

A numeração de uma Nota Fiscal Eletrônica deve ser sequencial *"de 1 a 999.999.999, por estabelecimento e por série, devendo ser reiniciada quando atingido esse limite"*. Esse é o texto que consta na cláusula terceira, II, do Ajuste SINIEF 07/2005.

E no parágrafo 1º da cláusula terceira, do Ajuste SINIEF 07/2005, temos:

> *"§ 1º As séries da NF-e serão designadas por* ***algarismos arábicos****,* ***em ordem crescente****, observando-se o seguinte: (...)".*

E o que são algarismos arábicos? É o que nós usamos: 1, 2, 3 ...

É obrigatório utilizar uma série? Fora das situações específicas e previstas na legislação, não.

Há faixas de séries reservadas, a partir 890, com uso definido pela legislação. Em situações normais, o contribuinte pessoa jurídica, pode utilizar a série de "000" a "889". Mas, com todas essas opções, qual série usar? Eis a questão.

---

[12] https://www.nfe.fazenda.gov.br/portal/listaConteudo.aspx?tipoConteudo=ndIjl+iEFdE=

[13] https://www.nfe.fazenda.gov.br/portal/principal.aspx

No Convênio SINIEF s/nº, de 1970, está indicado que (Art. 11, I, "c"):

> "**Art. 11.** *Relativamente à utilização de séries nos documentos a que aludem os incisos I, II e IV do art. 6º, observar-se-á o seguinte:*
> *I - na Nota Fiscal, modelos 1 e 1-A:*
> *(...)*
> *c) as séries serão designadas por algarismos arábicos,* ***em ordem crescente, a partir de 1****, vedada a utilização de subsérie;"*

Essa norma refere-se à Nota Fiscal, OK. Mas, a NF-e substitui a Nota Fiscal. E na legislação da NF-e (norma nacional) faz falta esse "em ordem crescente". Na legislação dos Estados podemos encontrar essa disposição. Exemplo: na legislação de São Paulo, na Portaria CAT-162/2008[14] (Art. 9º, § 2º).

E por que faz falta? Porque os contribuintes usam a série que acham mais "bonita", sem observar o critério proposto. É comum encontrar em uso séries "100", "200", "300", sem que as séries "1", "2", "3" estejam em uso. E, também, a distribuição das séries por vários estabelecimentos (exemplo: Matriz com a série 1, uma Filial com a série 2, a outra Filial com a série 3, e por aí vai). E não pode? Sem disposição na legislação, não.

A ideia do uso de série, conforme mencionado no início, é diferenciar as sequências de números de NF-e em uso no estabelecimento. E isso pode ser feito quando há emissão de NF-e em departamentos diferentes, ou há necessidade de controle por linha de negócio. Exemplo:
- Notas Fiscais de Venda: Série 1.
- Notas Fiscais de Entrada em importação (por exemplo): Série 2.
- Notas Fiscais de remessas e retornos de industrialização: Série 3. E etc.

A empresa não precisa utilizar séries diferentes se não houver necessidade de efetuar algum controle dessa numeração. E pode, inclusive, não adotar série alguma, conforme dispõe § 1º, I, da cláusula terceira do Ajuste SINIEF 07/2005:

> *"I - a utilização de* ***série única*** *será representada pelo número zero;"*

"Série única" significa não utilizar série distinta na emissão da NF-e. E, nesse caso, o preenchimento do campo reservado à série deve ser feito com "zeros".

Fácil, não é?

---

[14] https://legislacao.fazenda.sp.gov.br/Paginas/pcat1622008.aspx

2. Código Fiscal de Operações e de Prestações - CFOP

Campo "**CFOP**" na NF-e.

O **Código Fiscal de Operações e de Prestações – CFOP** é um código que identifica a operação na Nota Fiscal. Além da Nota Fiscal, o CFOP é utilizado em livros e declarações onde são informadas as operações.

O CFOP está previsto no Convênio SINIEF s/nº, de 1970:

> *"**Art. 5º** O Código Fiscal de Operações e Prestações - CFOP e o Código de Situação Tributária - CST, constantes de anexos deste Convênio, serão interpretados de acordo com as Normas Explicativas, também apensas, e visam aglutinar em grupos homogêneos nos documentos e livros fiscais, nas guias de informação e em todas as análises de dados, as operações e prestações realizadas pelos contribuintes do Imposto sobre Produtos Industrializados - IPI e do Imposto sobre Operações Relativas à Circulação de Mercadorias e sobre Prestações de Serviços de Transporte Interestadual e Intermunicipal e de Comunicação - ICMS."*

O CFOP é composto por 4 dígitos:

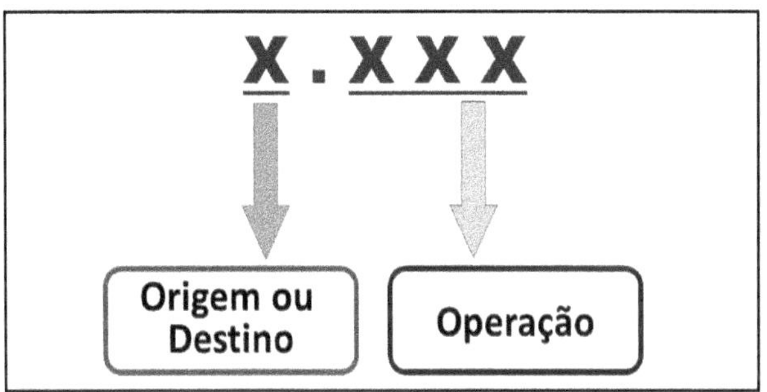

Figura 3: Formação do CFOP

O **primeiro dígito indica a origem da mercadoria** (ou da prestação), no caso de uma operação de entrada ou na contratação de serviços. No caso de saídas, indica o **destino da operação** ou da prestação.

O **segundo, o terceiro e o quarto dígitos detalham a operação** ou a prestação que o documento fiscal está amparando.

O CFOP utilizado em uma Nota Fiscal vai refletir a classificação da operação para o emissor do documento na saída. Na escrituração da entrada da mercadoria, o CFOP utilizado vai refletir a classificação sob o foco do recebedor e, por isso, a operação indicada pode ser diferente daquela apresentada no documento fiscal.

2.1 1º Dígito do CFOP

O **primeiro dígito** do CFOP pode ser:
- **1**, **2** ou **3**, no caso de uma operação ou prestação de entrada.
- **5**, **6** ou **7**, no caso de uma operação ou prestação de saída.

Não há CFOP iniciando com "4" (ainda ...). Quem sabe no futuro, com operações interplanetárias, tenhamos códigos iniciando com 4 e 8. Isso é uma suposição ...

No caso de **operação de entrada de mercadorias**, os códigos são agrupados de acordo com a localização do estabelecimento remetente:

Dígito	Descrição
1	Operações em que o estabelecimento **remetente está localizado no mesmo Estado** do estabelecendo destinatário da mercadoria.
2	Operações em que o estabelecimento **remetente e o destinatário da mercadoria estão localizados em Estados diferentes.**
3	Operações relativas a entradas de mercadoria de procedência estrangeira, importado diretamente pelo estabelecimento, bem como as decorrentes de aquisição por arrematação, concorrência ou qualquer outra forma de alienação promovida pelo Poder Público.

Os códigos referentes a **aquisição de serviço** são agrupados de acordo com o local de início da prestação:

Dígito	Descrição
1	Aquisição de serviços iniciados no mesmo Estado.
2	Aquisição de serviços iniciados em outro Estado.
3	Aquisição de serviços iniciados no exterior.

É importante fazer um esclarecimento. Quando mencionamos "aquisição de serviços", nos referimos aos serviços que estão no âmbito de tributação do ICMS (transporte e comunicação) porque o CFOP é um código utilizado no documento fiscal previsto pelo Estado. A Nota Fiscal de Serviços tributados pelo ISS não utiliza o CFOP.

Exceção (sempre tem, não é?): serviços com incidência do ISS e incluídos na NF-e (se admitido pelo Município). Chamávamos de "nota conjugada" no tempo do papel. Agora já não é tão comum.

Os códigos relativos à **saída de mercadorias** são agrupados de acordo com a localização do estabelecimento destinatário:

Dígito	Descrição
5	Operações em que **os estabelecimentos envolvidos** na operação **estão localizados no mesmo Estado.**
6	Operações em que **os estabelecimentos envolvidos** na operação **estão localizados em Estados diferentes.**
7	Operações em que o **destinatário** da operação está **localizado em outro país.**

Os códigos referentes à **prestação de serviço** são agrupados de acordo com a localização do estabelecimento adquirente dos serviços:

Dígito	Descrição
5	Prestação de serviço em que os estabelecimentos envolvidos estão localizados no mesmo Estado.
6	Prestação de serviços em que os estabelecimentos envolvidos estão localizados em Estados diferentes.
7	Prestação de serviços em que o adquirente estiver localizado em outro país.

Aqui, vale o mesmo entendimento. A expressão "prestação de serviços" refere-se aos serviços que estão no âmbito de tributação do ICMS, ou indicados nos documentos fiscais aprovados pelas Secretarias de Fazenda.

Como identificar a operação?

Como vimos, a operação é identificada através do segundo, do terceiro e do quarto dígitos do CFOP. E o CFOP é uma informação de item na NF-e. Assim, podemos ter códigos diferentes nos diversos itens (não é obrigatório que todos os itens de uma NF-e sejam classificados no mesmo CFOP).

Os códigos na tabela do CFOP são distribuídos em grupos e subgrupos. Os grupos são baseados no primeiro dígito do código e já mencionamos anteriormente.

Os subgrupos agregam as operações do mesmo tipo.

Vamos usar como exemplo a tabela do CFOP[15] na página do CONFAZ:

ANEXO II

CÓDIGO FISCAL DE OPERAÇÕES E DE PRESTAÇÕES

DAS ENTRADAS DE MERCADORIAS E BENS E DA AQUISIÇÃO DE SERVIÇOS

1.000 - ENTRADAS OU AQUISIÇÕES DE SERVIÇOS DO ESTADO

Classificam-se, neste grupo, as operações ou prestações em que o estabelecimento remetente esteja localizado na mesma unidade da Federação do destinatário.

1.100 - COMPRAS PARA INDUSTRIALIZAÇÃO, PRODUÇÃO RURAL, COMERCIALIZAÇÃO OU PRESTAÇÃO DE SERVIÇOS

1.101 - Compra para industrialização ou produção rural.

Classificam-se neste código as compras de mercadorias a serem utilizadas em processo de industrialização ou produção rural.

1.102 - Compra para comercialização.

Classificam-se neste código as compras de mercadorias a serem comercializadas.

1.111 - Compra para industrialização de mercadoria recebida anteriormente em consignação industrial.

Classificam-se neste código as compras efetivas de mercadorias a serem utilizadas em processo de industrialização, recebidas anteriormente a título de consignação industrial.

Figura 4: Anexo II - CFOP

Assim, temos:

Grupo	**1.000 - ENTRADAS OU AQUISIÇÕES DE SERVIÇOS DO ESTADO** Classificam-se, **neste grupo**, as operações ou prestações em que o estabelecimento remetente esteja localizado na mesma unidade da Federação do destinatário.
Subgrupo	**1.100 - COMPRAS PARA INDUSTRIALIZAÇÃO, PRODUÇÃO RURAL, COMERCIALIZAÇÃO OU PRESTAÇÃO DE SERVIÇOS**
CFOP	**1.101 - Compra para industrialização ou produção rural.** Classificam-se neste código as compras de mercadorias a serem utilizadas em processo de industrialização ou produção rural.

Os códigos do grupo e do subgrupo são destinados aos controles das informações econômico-fiscais e não devem ser utilizados nos documentos fiscais. Nas tabelas, os grupos e os subgrupos têm o texto em letras maiúsculas.

[15] https://www.confaz.fazenda.gov.br/legislacao/ajustes/sinief/cfop_cvsn70_vigente_01-06-22_02-04.23

O CFOP não tem o texto em "caixa alta" (maiúsculo) e apresenta uma explicação sobre a utilização do código. Isso é muito útil para o contribuinte fazer a classificação da operação de forma correta.

Temos 6 grupos na Tabela do CFOP:

Grupo	Descrição
1.000	ENTRADAS OU AQUISIÇÕES DE SERVIÇOS DO ESTADO
2.000	ENTRADAS OU AQUISIÇÕES DE SERVIÇOS DE OUTROS ESTADOS
3.000	ENTRADAS OU AQUISIÇÕES DE SERVIÇOS DO EXTERIOR
5.000	SAÍDAS OU PRESTAÇÕES DE SERVIÇOS PARA O ESTADO
6.000	SAÍDAS OU PRESTAÇÕES DE SERVIÇOS PARA OUTROS ESTADOS
7.000	SAÍDAS OU PRESTAÇÕES DE SERVIÇOS PARA O EXTERIOR

Temos 35 subgrupos na Tabela do CFOP para as operações de entrada:

Subgrupos			Descrição
1.100	2.100	3.100	COMPRAS PARA INDUSTRIALIZAÇÃO, PRODUÇÃO RURAL, COMERCIALIZAÇÃO OU PRESTAÇÃO DE SERVIÇOS
1.150	2.150		TRANSFERÊNCIAS PARA INDUSTRIALIZAÇÃO, PRODUÇÃO RURAL, COMERCIA-LIZAÇÃO OU PRESTAÇÃO DE SERVIÇOS
1.200	2.200	3.200	DEVOLUÇÕES DE VENDAS DE PRODUÇÃO PRÓPRIA, DE TERCEIROS OU ANULAÇÕES DE VALORES
1.250	2.250	3.250	COMPRAS DE ENERGIA ELÉTRICA
1.300	2.300	3.300	AQUISIÇÕES DE SERVIÇOS DE COMUNICAÇÃO
1.350	2.350	3.350	AQUISIÇÕES DE SERVIÇOS DE TRANSPORTE
1.400	**2.400**		**ENTRADAS DE MERCADORIAS SUJEITAS AO REGIME DE SUBSTITUIÇÃO TRIBUTÁRIA**
1.450	2.450		SISTEMAS DE INTEGRAÇÃO E PARCERIA RURAL
1.500	2.500	3.500	ENTRADAS DE MERCADORIAS REMETIDAS PARA FORMAÇÃO DE LOTE OU COM FIM ESPECÍFICO DE EXPORTAÇÃO E EVENTUAIS DEVOLUÇÕES
1.550	2.550	3.550	OPERAÇÕES COM BENS DE ATIVO IMOBILIZADO E MATERIAIS PARA USO OU CONSUMO
1.600	2.600		CRÉDITOS E RESSARCIMENTOS DE ICMS
1.650	2.650	3.650	ENTRADAS DE COMBUSTÍVEIS, DERIVADOS OU NÃO DE PETRÓLEO E LUBRIFICANTES
1.900	2.900	3.900	OUTRAS ENTRADAS DE MERCADORIAS OU AQUISIÇÕES DE SERVIÇOS

Os subgrupos "1.400" e "2.400" **seriam suprimidos** na tabela de CFOP que entraria em vigor em **01/04/2024**, mas, foi **revogada** a alteração (Ajuste SINIEF nº 29/2023).

Temos, também, 35 subgrupos na Tabela do CFOP para as operações de saída:

Subgrupos			Descrição
5.100	6.100	7.100	VENDAS DE PRODUÇÃO PRÓPRIA OU DE TERCEIROS
5.150	6.150		TRANSFERÊNCIAS DE PRODUÇÃO PRÓPRIA OU DE TERCEIROS
5.200	6.200	7.200	DEVOLUÇÕES DE COMPRAS PARA INDUSTRIALIZAÇÃO, PRODUÇÃO RURAL, COMERCIALIZAÇÃO OU ANULAÇÕES DE VALORES
5.250	6.250	7.250	VENDAS DE ENERGIA ELÉTRICA
5.300	6.300	7.300	PRESTAÇÕES DE SERVIÇOS DE COMUNICAÇÃO
5.350	6.350	7.350	PRESTAÇÕES DE SERVIÇOS DE TRANSPORTE
5.400	**6.400**		**SAÍDAS DE MERCADORIAS SUJEITAS AO REGIME DE SUBSTITUIÇÃO TRIBUTÁRIA**
5.450	6.450		SISTEMAS DE INTEGRAÇÃO E PARCERIA RURAL
5.500	6.500		REMESSAS PARA FORMAÇÃO DE LOTE E COM FIM ESPECÍFICO DE EXPORTAÇÃO E EVENTUAIS DEVOLUÇÕES
		7.500	EXPORTAÇÃO DE MERCADORIAS RECEBIDAS COM FIM ESPECÍFICO DE EXPORTAÇÃO
5.550	6.550	7.550	OPERAÇÕES COM BENS DE ATIVO IMOBILIZADO E MATERIAIS PARA USO OU CONSUMO
5.600	6.600		CRÉDITOS E RESSARCIMENTOS DE ICMS
5.650	6.650	7.650	SAÍDAS DE COMBUSTÍVEIS, DERIVADOS OU NÃO DE PETRÓLEO E LUBRIFICANTES
5.900	6.900	7.900	OUTRAS SAÍDAS DE MERCADORIAS OU PRESTAÇÕES DE SERVIÇOS

Estava previsto que os subgrupos “5.400” e “6.400” seriam suprimidos, a partir de 01/04/2024, mas, **a alteração foi revogada com o Ajuste SINIEF nº 29/2023**.

E o detalhamento da operação?

O detalhamento da operação está no CFOP, propriamente dito. Na tabela que apresentamos aqui, colocamos os 3 códigos lado a lado (para reduzir o espaço e facilitar a consulta). E nem todos os códigos podem ser aplicados em todos os grupos de operações (operações internas, interestaduais e com exterior).

Vamos ver como identificar o CFOP para uma **operação de saída**:

Subgrupo	**5.100**	**6.100**	**VENDAS DE PRODUÇÃO PRÓPRIA OU DE TERCEIROS**
CFOP	**5.101**	**6.101**	Venda de produção do estabelecimento.
Orientação sobre o uso			Classificam-se neste código as vendas de produtos industrializados ou produzidos pelo próprio estabelecimento.

O primeiro CFOP de saídas é o “5.101” e indica que é uma venda de um produto que foi produzido pelo estabelecimento. Essa é a venda mais “básica” da tabela. Há mais códigos para “venda de produção de estabelecimento” e para outras vendas.

Na legislação do ICMS e do IPI temos essa particularidade. Tudo é tratado "por estabelecimento" e não "por empresa" (como ocorre com tributos federais, como o IR, o PIS e a COFINS). Cada estabelecimento deve ter a sua escrituração fiscal, o seu controle de estoque e a sua apuração dos impostos (ICMS e IPI).

Por isso, para a emissão de uma Nota Fiscal é necessário saber o que está acontecendo. Não basta saber que é uma venda para o cliente "XYZ". É preciso saber se é uma venda de material fabricado ou de material adquirido de terceiros, se é uma operação vinculada à consignação, venda para entrega futura, venda à ordem, entre outras situações.

Veja alguns exemplos de CFOP que podem ser utilizados nos casos de revenda (venda de um material não produzido pelo estabelecimento):

5.102	6.102		Venda de mercadoria adquirida ou recebida de terceiros, ou qualquer venda de mercadoria efetuada pelo MEI com exceção das saídas classificadas nos códigos 5.501, 5.502, 5.504, 5.505, 6.501, 6.502, 6.504 e 6.505.
5.104	6.104		Venda de mercadoria adquirida ou recebida de terceiros, efetuada fora do estabelecimento.
5.106	6.106	7.106	Venda de mercadoria adquirida ou recebida de terceiros, que não deva por ele transitar.
5.110	6.110		Venda de mercadoria adquirida ou recebida de terceiros, destinada à Zona Franca de Manaus ou Áreas de Livre Comércio.
5.112	6.112		Venda de mercadoria adquirida ou recebida de terceiros remetida anteriormente em consignação industrial.
5.114	6.114		Venda de mercadoria adquirida ou recebida de terceiros remetida anteriormente em consignação mercantil.
5.115	6.115		Venda de mercadoria adquirida ou recebida de terceiros, recebida anteriormente em consignação mercantil.
5.117	6.117		Venda de mercadoria adquirida ou recebida de terceiros, originada de encomenda para entrega futura.
5.119	6.119		Venda de mercadoria adquirida ou recebida de terceiros entregue ao destinatário por conta e ordem do adquirente originário, em venda à ordem.
5.123	6.123		Venda de mercadoria adquirida ou recebida de terceiros remetida para industrialização, por conta e ordem do adquirente, sem transitar pelo estabelecimento do adquirente.

Qual desses códigos deve ser utilizado? Depende da operação. Acostume-se a ler o texto do "**classificam-se neste código** ....".

E não é só a origem do material (se é produzido ou adquirido/recebido de terceiros) e o tipo de operação que vão determinar o CFOP a ser utilizado. A **condição do destinatário pode determinar o uso de códigos específicos**, também, como é o caso de operações interestaduais com não contribuintes:

6.107	**Venda de produção do estabelecimento, destinada a não contribuinte.**
	Classificam-se neste código as vendas de produtos industrializados ou produzidos por estabelecimento de produtor rural, **destinadas a não contribuintes. Quaisquer operações de venda destinadas a não contribuintes deverão ser classificadas neste código.**
6.108	**Venda de mercadoria adquirida ou recebida de terceiros, destinada a não contribuinte.**
	Classificam-se neste código as vendas de mercadorias adquiridas ou recebidas de terceiros para industrialização ou comercialização, que não tenham sido objeto de qualquer processo industrial no estabelecimento, **destinadas a não contribuintes. Quaisquer operações de venda destinadas a não contribuintes deverão ser classificadas neste código.**

Os **códigos 6.107 e 6.108 são específicos para as operações com não contribuintes**. Se o destinatário for um contribuinte, deve ser utilizado o CFOP 6.101 ou 6.102 (de acordo com a operação).

Importante:
Não existem os códigos "5.107" e "5.108". Só há necessidade de identificação da condição do destinatário na operação interestadual para o controle do recolhimento do diferencial de alíquotas do ICMS. Não sabe o que é isso? Pois, é. Esse é o assunto do outro livro ...

Só mencionamos venda nos exemplos, mas, há muitas outras operações na tabela do CFOP. Veja a tabela inteira na lista do CFOP para Saídas de Mercadorias, Bens ou Prestação de Serviços.

Como identificar o CFOP a ser utilizado na entrada?

Estamos falando de Nota Fiscal e a emissão, normalmente, é para uma saída. Mas, há possibilidade da emissão de Nota Fiscal de Entrada e o contribuinte, também, deve fazer a escrituração fiscal dos documentos recebidos. Então, vamos complementar a orientação.

Na seleção do CFOP para a entrada é necessário conhecer a operação que ocorreu (compra, devolução de cliente, transferência e etc.) e qual destinação será dada ao material no estabelecimento que o está recebendo.

Se o material é um insumo (será destinado ao processo de industrialização), por exemplo, há várias opções na tabela do CFOP. Por isso, é necessário ter os detalhes sobre a operação: se é uma compra simples ou em consignação industrial, ou outra situação.

1.101	2.101	3.101	Compra para industrialização ou produção rural.
1.111	2.111		Compra para industrialização de mercadoria recebida anteriormente em consignação industrial.
1.116	2.116		Compra para industrialização ou produção rural originada de encomenda para recebimento futuro.
1.120	2.120		Compra para industrialização, em venda à ordem, já recebida do vendedor remetente.
1.122	2.122		Compra para industrialização em que a mercadoria foi remetida pelo fornecedor ao industrializador sem transitar pelo estabelecimento adquirente.

E se for uma compra para revenda? Também, há vários códigos que poderão ser utilizados.

1.102	2.102	3.102	Compra para comercialização.
1.113	2.113		Compra para comercialização, de mercadoria recebida anteriormente em consignação mercantil.
1.117	2.117		Compra para comercialização originada de encomenda para recebimento futuro.
1.121	2.121		Compra para comercialização, em venda à ordem, já recebida do vendedor remetente.

E há outros. Qual utilizar? Leia o "classificam-se neste código ....". E, ainda, há muitos outros e para muitas outras operações.

Na escrituração da entrada é só "virar" o primeiro dígito do CFOP?

Não.

Muitos gostariam de "automatizar" a classificação da operação na entrada fazendo apenas a troca do primeiro dígito do CFOP que consta na NF-e do fornecedor, mas, não é bem assim.

Por quê?

Porque o emissor da Nota Fiscal indicou um CFOP na Nota Fiscal de saída que reflete a classificação da operação para ele. E o adquirente deverá analisar a destinação da mercadoria no seu estabelecimento para identificar qual é o melhor código para a escrituração da entrada. Há situações em que é possível apenas trocar o "5" por "1" ou o "6" por "2"? Sim, há. Mas, isso não ocorre sempre.

Exemplo 1:
Compra de material, destinado à industrialização no estabelecimento, de um fornecedor que é industrial, em uma operação dentro do Estado.
CFOP na NF-e do fornecedor: 5.101.
CFOP na escrituração da entrada: 1.101.
Em uma operação interestadual, os CFOP seriam 6.101 (fornecedor) e 2.101 (entrada).

Exemplo 2:
Compra de mercadoria, destinada à comercialização, de fornecedor que é um revendedor (um importador, por exemplo, ou um atacadista), em uma operação dentro do Estado (e sem substituição tributária do ICMS).
CFOP na NF-e do fornecedor: 5.102.
CFOP na escrituração da entrada: 1.102.
Em uma operação interestadual, os CFOP seriam 6.102 (fornecedor) e 2.102 (entrada).

Nos exemplos 1 e 2 bastou "virar" o primeiro dígito porque as operações de saída e de entrada têm o mesmo código para a operação (o segundo, o terceiro e o quarto dígitos). Entretanto, isso não é constante.

Exemplo 3:
Compra de material destinado à industrialização no estabelecimento de um fornecedor que é um atacadista, ou um importador, em uma operação dentro do Estado.
CFOP na NF-e do fornecedor: 5.102.
CFOP na escrituração da entrada: 1.101.
Em uma operação interestadual, os CFOP seriam 6.102 (fornecedor) e 2.101 (na entrada).

Exemplo 4:
Compra de mercadoria, destinada à comercialização, de um fornecedor que é industrial, em uma operação dentro do Estado (e sem substituição tributária do ICMS).
CFOP na NF-e do fornecedor: 5.101.
CFOP na escrituração da entrada: 1.102.
Em uma operação interestadual, os CFOP seriam 6.101 (fornecedor) e 2.102 (na entrada).

Exemplo 5:
Compra de mercadoria, destinada ao uso ou ao consumo, de um fornecedor que é industrial, em uma operação dentro do Estado.
CFOP na NF-e do fornecedor: 5.101.
CFOP na escrituração da entrada: 1.556.
Em uma operação interestadual, os CFOP seriam 6.101 (fornecedor) e 2.556 (na entrada).

Exemplo 6:
Compra de material, destinado ao uso ou ao consumo, de um fornecedor que é comerciante ou importador, em uma operação dentro do Estado.
CFOP na NF-e do fornecedor: 5.102.
CFOP na escrituração da entrada: 1.556.
Em uma operação interestadual, os CFOP seriam 6.102 (fornecedor) e 2.556 (na entrada). Se não houver substituição tributária do ICMS ...

Nos exemplos 3, 4, 5 e 6 não basta "virar" o primeiro dígito do CFOP porque as operações de saída e de entrada são de tipos diferentes. Cada contribuinte deve utilizar o CFOP que melhor indique a operação que está praticando.

Então, não é possível automatizar o CFOP na escrituração da entrada?

A resposta, também, é não.

É possível fazer a automatização do CFOP na entrada utilizando outros parâmetros, além do CFOP. É necessário saber qual é a destinação da mercadoria e isso pode ser obtido através do pedido de compras ou do código do material (se for um código inteligente).

2.2 CFOP vigente até 31/03/2024

Estávamos em uma fase de "transição" com o CFOP desde agosto/2020, quando foi publicado o Ajuste SINIEF nº 16/2020 alterando a tabela de CFOP (e com previsão de entrada em vigor em 01/01/2022). Entretanto, isso não aconteceu.

Inicialmente, houve a prorrogação para 03/04/2023. E, depois, a revogação.

Em abril/2022, foi publicado o Ajuste SINIEF nº 03/2022, revogando o Ajuste SINIEF nº 16/2020 e publicando uma nova tabela, que entrou em vigor em 01/06/2022.

Os códigos do CFOP dessa tabela **estariam** vigentes até 31/03/2024 e constam no Anexo II do Convênio SINIEF s/ nº, de 1970[16].

O Ajuste SINIEF nº 03/2022[17] trouxe, também, uma outra tabela de CFOP para vigorar a partir de 01/04/2024, incluída no Anexo II-A do Convênio SINIEF/1970.

Entretanto, em 04/10/2023, foi publicado o Ajuste SINIEF nº 29/2023 revogando a cláusula segunda do Ajuste SINIEF nº 03/2022, que trazia essa nova tabela do CFOP. Assim, não haverá uma nova tabela de CFOP a partir de 01/04/2024. O texto do Ajuste SINIEF 29/2023 na página do CONFAZ:
https://www.confaz.fazenda.gov.br/legislacao/ajustes/2023/ajuste-sinief-29-23

No tópico **2.5 Tabelas do CFOP** deste material, apresentamos a tabela do CFOP que está em vigor. É um material auxiliar para consulta. Recomendamos que seja confirmado o código na página do CONFAZ, onde consta a base legal para a tabela em vigor.

2.3 CFOP vigente a partir de 01/04/2024

A partir de 01/04/2024, continua em uso a tabela do CFOP que consta no Anexo II do Convênio SINIEF s/nº, de 1970, porque a tabela que foi acrescentada ao Anexo II-A pelo Ajuste SINIEF nº 03/2022 foi revogada.

Mas, temos a alteração trazida pelo Ajuste SINIEF nº 40/2023[18], com efeitos a partir de 01/11/2023, na redação dos códigos 1.905 e 5.905.

O texto da tabela do Código Fiscal de Operações e de Prestações – CFOP que consta no tópico 2.5 está atualizado.

E se falamos de CFOP, é bom falarmos da "**Natureza da Operação**".

---

[16] https://www.confaz.fazenda.gov.br/legislacao/ajustes/sinief/cfop_cvsn70_vigente_01-06-22_02-04.23

[17] https://www.confaz.fazenda.gov.br/legislacao/ajustes/2022/AJ003_22

[18] https://www.confaz.fazenda.gov.br/legislacao/ajustes/2023/ajuste-sinief-40-23

2.4 Natureza da Operação

Esse é o campo "**natOp**" da NF-e.

A Natureza da Operação é um texto que "traduz" a operação, facilitando a identificação da transação que está ocorrendo.

O texto que consta no campo destinado à "Natureza da Operação" deve refletir a operação praticada e ter coerência com o código que está sendo utilizado no campo do CFOP.

Na Nota Fiscal há o campo específico para a indicação do CFOP, em cada item, e apenas um campo para a indicação da Natureza da Operação, localizado no Grupo B - Identificação da Nota Fiscal Eletrônica do leiaute da NF-e.

No DANFE, a Natureza da Operação está no campo abaixo do logotipo e do número:

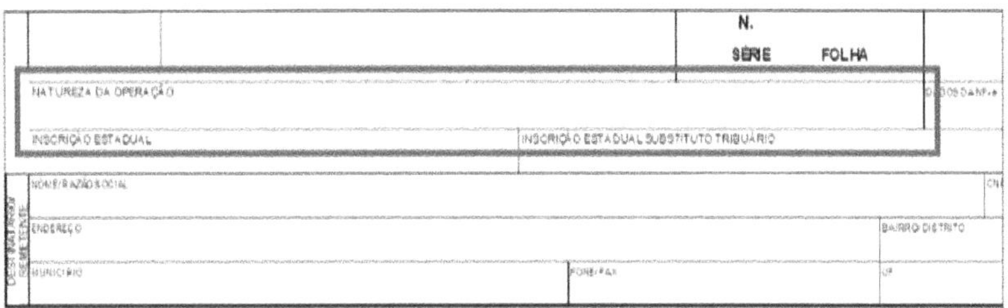

Figura 5: Campo "Natureza da Operação" no DANFE.

Mesmo que haja uma relação entre o CFOP e a Natureza da Operação, isso não significa que é necessário copiar toda a descrição do CFOP para o campo da Natureza de Operação, como fazem muitos contribuintes.

O Convênio SINIEF s/nº, de 1970, dispõe que (Art. 19, I, "i"):

> "***Art. 19***. *A nota fiscal conterá, nos quadros e campos próprios, observada a disposição gráfica dos modelos 1 e 1-A, as seguintes indicações:*
>
> *I - no quadro "EMITENTE"*
>
> *(...)*
>
> *i) a natureza da operação de que decorrer a saída ou a entrada,* ***tais como: venda, compra, transferência****, devolução, importação, consignação, remessa (para fins de demonstração, de industrialização ou outra);"*

No Anexo I do Manual de Orientação ao Contribuinte - MOC da NF-e, versão 7.0[19], que trata do leiaute e das regras de validação, consta a mesma orientação para o preenchimento do campo "natOp" (página 8):

Informar a natureza da operação de que decorrer a saída ou a entrada, tais como: venda, compra, transferência, devolução, importação, consignação, remessa (para fins de demonstração, de industrialização ou outra), conforme previsto na alínea 'i', inciso I, art. 19 do CONVÊNIO S/Nº, de 15 de dezembro de 1970.

Figura 6: Descrição do preenchimento do campo "natOp" no MOC da NF-e.

Assim, no caso de uma operação com o CFOP 5.102, nem pensar em colocar no campo "Natureza da Operação" o texto *"Venda de mercadoria adquirida ou recebida de terceiros, ou qualquer venda de mercadoria efetuada pelo MEI com exceção das saídas classificadas nos códigos 5.501, 5.502, 5.504 e 5.505."*, que consta na descrição da tabela do CFOP.

Basta colocar "Venda" ou "Venda de mercadoria recebida de terceiros" porque o CFOP já identifica o detalhe da operação.

E quando for utilizado algum dos códigos com o final "949", deve ser evitado usar o texto "Outras Saídas". Esse CFOP já é utilizado quando não há um código específico. Se for utilizada uma Natureza de Operação que não identifique o que está ocorrendo, vai ficar bem complicado para o destinatário do documento fiscal.

Se houver previsão na legislação para usar um "Simples Remessa" ou o "Outras Saídas" no preenchimento do campo da Natureza da Operação, paciência, cumpra-se (mas, sob protesto ...).

[19] O MOC, versão 7.0, e seus Anexos estão na página da NF-e.

2.5 Tabelas do CFOP

2.5.1 Entradas de Mercadorias, Bens e Aquisição de Serviços

GRUPO 1	GRUPO 2	GRUPO 3	DESCRIÇÃO DA OPERAÇÃO OU DA PRESTAÇÃO
1.100	**2.100**	**3.100**	**COMPRAS PARA INDUSTRIALIZAÇÃO, PRODUÇÃO RURAL, COMERCIALIZAÇÃO OU PRESTAÇÃO DE SERVIÇOS**
1.101	2.101	3.101	Compra para industrialização ou produção rural.
			Classificam-se neste código as compras de mercadorias a serem utilizadas em processo de industrialização ou produção rural.
1.102	2.102	3.102	Compra para comercialização.
			Classificam-se neste código as compras de mercadorias a serem comercializadas.
1.111	2.111		Compra para industrialização de mercadoria recebida anteriormente em consignação industrial.
			Classificam-se neste código as compras efetivas de mercadorias a serem utilizadas em processo de industrialização, recebidas anteriormente a título de consignação industrial.
1.113	2.113		Compra para comercialização, de mercadoria recebida anteriormente em consignação mercantil.
			Classificam-se neste código as compras efetivas de mercadorias recebidas anteriormente a título de consignação mercantil.
1.116	2.116		Compra para industrialização ou produção rural originada de encomenda para recebimento futuro.
			Classificam-se neste código as compras de mercadorias a serem utilizadas em processo de industrialização ou produção rural, quando da entrada real da mercadoria, cuja aquisição tenha sido classificada nos códigos 1.922 ou 2.922 "Lançamento efetuado a título de simples faturamento decorrente de compra para recebimento futuro".
1.117	2.117		Compra para comercialização originada de encomenda para recebimento futuro.
			Classificam-se neste código as compras de mercadorias a serem comercializadas, quando da entrada real da mercadoria, cuja aquisição tenha sido classificada nos códigos 1.922 ou 2.922 "Lançamento efetuado a título de simples faturamento decorrente de compra para recebimento futuro".
1.118	2.118		Compra de mercadoria para comercialização pelo adquirente originário, entregue pelo vendedor remetente ao destinatário, em venda à ordem.
			Classificam-se neste código as compras de mercadorias já comercializadas, que, sem transitar pelo estabelecimento do adquirente originário, sejam entregues pelo vendedor remetente diretamente ao destinatário, em operação de venda à ordem, cuja venda seja classificada, pelo adquirente originário, nos códigos 5.120 ou 6.120 "Venda de mercadoria adquirida ou recebida de terceiros entregue ao destinatário pelo vendedor remetente, em venda à ordem".

1.120	2.120		Compra para industrialização, em venda à ordem, já recebida do vendedor remetente.
			Classificam-se neste código as compras de mercadorias a serem utilizadas em processo de industrialização, em vendas à ordem, já recebidas do vendedor remetente, por ordem do adquirente originário.
1.121	2.121		Compra para comercialização, em venda à ordem, já recebida do vendedor remetente.
			Classificam-se neste código as compras de mercadorias a serem comercializadas, em vendas à ordem, já recebidas do vendedor remetente por ordem do adquirente originário.
1.122	2.122		Compra para industrialização em que a mercadoria foi remetida pelo fornecedor ao industrializador sem transitar pelo estabelecimento adquirente.
			Classificam-se neste código as compras de mercadorias a serem utilizadas em processo de industrialização, remetidas pelo fornecedor para o industrializador sem que a mercadoria tenha transitado pelo estabelecimento do adquirente.
1.124	2.124		Industrialização efetuada por outra empresa.
			Classificam-se neste código as entradas de mercadorias industrializadas por terceiros, compreendendo os valores referentes aos serviços prestados e os das mercadorias de propriedade do industrializador empregadas no processo industrial. Quando a industrialização efetuada se referir a bens do ativo imobilizado ou de mercadorias para uso ou consumo do estabelecimento encomendante, a entrada deverá ser classificada nos códigos 1.551 ou 2.551 "Compra de bem para o ativo imobilizado", ou nos códigos 1.556 ou 2.556 "Compra de material para uso ou consumo".
1.125	2.125		Industrialização efetuada por outra empresa quando a mercadoria remetida para utilização no processo de industrialização não transitou pelo estabelecimento adquirente da mercadoria.
			Classificam-se neste código as entradas de mercadorias industrializadas por outras empresas, em que as mercadorias remetidas para utilização no processo de industrialização não transitaram pelo estabelecimento do adquirente das mercadorias, compreendendo os valores referentes aos serviços prestados e os das mercadorias de propriedade do industrializador empregadas no processo industrial. Quando a industrialização efetuada se referir a bens do ativo imobilizado ou de mercadorias para uso ou consumo do estabelecimento encomendante, a entrada deverá ser classificada nos códigos 1.551 ou 2.551 "Compra de bem para o ativo imobilizado" ou nos códigos 1.556 ou 2.556 "Compra de material para uso ou consumo".
1.126	2.126		Compra para utilização na prestação de serviço sujeita ao ICMS.
			Classificam-se neste código as entradas de mercadorias a serem utilizadas nas prestações de serviços sujeitas ao ICMS.

		3.127	Compra para industrialização sob o regime de "drawback".
			Classificam-se neste código as compras de mercadorias a serem utilizadas em processo de industrialização e posterior exportação do produto resultante, cujas vendas serão classificadas no código "7.127 - Venda de produção do estabelecimento sob o regime de "drawback"".
1.128	2.128	3.128	Compra para utilização na prestação de serviço sujeita ao ISSQN.
			Classificam-se neste código as entradas de mercadorias a serem utilizadas nas prestações de serviços sujeitas ao ISSQN.
		3.129	Compra para industrialização sob o Regime Aduaneiro Especial de Entreposto Industrial sob Controle Informatizado do Sistema Público de Escrituração Digital (RECOF-SPED).
			Classificam-se neste código as compras de mercadorias a serem submetidas a operações de industrialização de produtos, partes ou peças destinados à exportação ou ao mercado interno sob o amparo do Regime Aduaneiro Especial de Entreposto Industrial sob Controle Informatizado do Sistema Público de Escrituração Digital (RECOF-SPED).
1.131	2.131		Entrada de mercadoria, com previsão de posterior ajuste ou fixação de preço, decorrente de operação de ato cooperativo.
			Classificam-se neste código as entradas de mercadorias, com previsão de posterior ajuste ou fixação de preço, proveniente de cooperado, bem como proveniente de outra cooperativa, em que a saída tenha sido classificada nos códigos 5.131 ou 6.131 "Remessa de produção do estabelecimento, com previsão de posterior ajuste ou fixação de preço, de ato cooperativo".
1.132	2.132		Fixação de preço de produção do estabelecimento produtor, inclusive quando remetidas anteriormente com previsão de posterior ajuste ou fixação de preço, em ato cooperativo, para comercialização.
			Classificam-se neste código as entradas para comercialização referentes a fixação de preço de produção do estabelecimento do produtor, inclusive quando remetidas anteriormente com previsão de posterior ajuste ou fixação de preço, de ato cooperativo cuja saída tenha sido classificada nos códigos 5.132 ou 6.132 "Fixação de preço de produção do estabelecimento, inclusive quando remetidas anteriormente com previsão de posterior ajuste ou fixação de preço, de ato cooperativo".

1.135	2.135		Fixação de preço de produção do estabelecimento produtor, inclusive quando remetidas anteriormente com previsão de posterior ajuste ou fixação de preço, em ato cooperativo, para industrialização.
			Classificam-se neste código as entradas para industrialização referentes a fixação de preço de produção do estabelecimento do produtor, inclusive quando remetidas anteriormente com previsão de posterior ajuste ou fixação de preço, de ato cooperativo cuja saída tenha sido classificada nos códigos 5.132 ou 6.132 “Fixação de preço de produção do estabelecimento, inclusive quando remetidas anteriormente com previsão de posterior ajuste ou fixação de preço, de ato cooperativo”.
1.150	**2.150**		**TRANSFERÊNCIAS PARA INDUSTRIALIZAÇÃO, PRODUÇÃO RURAL, COMERCIA-LIZAÇÃO OU PRESTAÇÃO DE SERVIÇOS**
1.151	2.151		Transferência para industrialização ou produção rural.
			Classificam-se neste código as entradas de mercadorias recebidas em transferência de outro estabelecimento da mesma empresa, para serem utilizadas em processo de industrialização ou produção rural.
1.152	2.152		Transferência para comercialização.
			Classificam-se neste código as entradas de mercadorias recebidas em transferência de outro estabelecimento da mesma empresa, para serem comercializadas.
1.153	2.153		Transferência de energia elétrica para distribuição.
			Classificam-se neste código as entradas de energia elétrica recebida em transferência de outro estabelecimento da mesma empresa, para distribuição.
1.154	2.154		Transferência para utilização na prestação de serviço.
			Classificam-se neste código as entradas de mercadorias recebidas em transferência de outro estabelecimento da mesma empresa, para serem utilizadas nas prestações de serviços.
1.159	2.159		Entrada decorrente do fornecimento de produto ou mercadoria de ato cooperativo.
			Classificam-se neste código as entradas decorrentes de fornecimento de produtos ou mercadorias por estabelecimento de cooperativa destinados a seus cooperados ou a estabelecimento de outra cooperativa, cujo fornecimento tenha sido classificado nos códigos 5.159 ou 6.159 “Fornecimento de produção do estabelecimento de ato cooperativo” ou nos códigos 5.160 ou 6.160 “Fornecimento de mercadoria adquirida ou recebida de terceiros de ato cooperativo”.
1.200	**2.200**	**3.200**	**DEVOLUÇÕES DE VENDAS DE PRODUÇÃO PRÓPRIA, DE TERCEIROS OU ANULAÇÕES DE VALORES**
1.201	2.201		Devolução de venda de produção do estabelecimento.
			Classificam-se neste código as devoluções de vendas de produtos industrializados ou produzidos pelo próprio estabelecimento, cujas saídas tenham sido classificadas como "Venda de produção do estabelecimento".

		3.201	Devolução de venda de produção do estabelecimento.
			Classificam-se neste código as devoluções de vendas de produtos industrializados ou produzidos pelo próprio estabelecimento, cujas saídas tenham sido classificadas como "Venda de produção do estabelecimento". Também serão classificados neste código os retornos de mercadorias não entregues ao destinatário.
1.202	2.202		Devolução de venda de mercadoria adquirida ou recebida de terceiros, ou qualquer devolução de mercadoria efetuada pelo MEI com exceção das classificadas nos códigos 1.503, 1.504, 1.505 e 1.506 ou nos códigos 2.503, 2.504, 2.505 e 2.506.
			Classificam-se neste código as devoluções de vendas de mercadorias adquiridas ou recebidas de terceiros, que não tenham sido objeto de industrialização no estabelecimento, cujas saídas tenham sido classificadas como "Venda de mercadoria adquirida ou recebida de terceiros". Também serão classificadas neste código quaisquer devoluções de mercadorias efetuadas pelo MEI com exceção das classificadas nos códigos 1.503 ou 2.503 "Entrada decorrente de devolução de produto remetido com fim específico de exportação, de produção do estabelecimento", 1.504 ou 2.504 "Entrada decorrente de devolução de mercadoria remetida com fim específico de exportação, adquirida ou recebida de terceiros", 1.505 ou 2.505 "Entrada decorrente de devolução de mercadorias remetidas para formação de lote de exportação, de produtos industrializados ou produzidos pelo próprio estabelecimento" e 1.506 ou 2.506 "Entrada decorrente de devolução de mercadorias, adquiridas ou recebidas de terceiros, remetidas para formação de lote de exportação".
		3.202	Devolução de venda de mercadoria adquirida ou recebida de terceiros.
			Classificam-se neste código as devoluções de vendas de mercadorias adquiridas ou recebidas de terceiros, que não tenham sido objeto de industrialização no estabelecimento, cujas saídas tenham sido classificadas como "Venda de mercadoria adquirida ou recebida de terceiros". Também serão classificados neste código os retornos de mercadorias não entregues ao destinatário.
1.203	2.203		Devolução de venda de produção do estabelecimento, destinada à Zona Franca de Manaus ou Áreas de Livre Comércio.
			Classificam-se neste código as devoluções de vendas de produtos industrializados ou produzidos pelo próprio estabelecimento, cujas saídas foram classificadas nos códigos 5.109 ou 6.109 "Venda de produção do estabelecimento, destinada à Zona Franca de Manaus ou Áreas de Livre Comércio". Também serão classificados neste código os retornos de mercadorias não entregues ao destinatário.

1.204	2.204		Devolução de venda de mercadoria adquirida ou recebida de terceiros, destinada à Zona Franca de Manaus ou Áreas de Livre Comércio.
			Classificam-se neste código as devoluções de vendas de mercadorias adquiridas ou recebidas de terceiros, cujas saídas foram classificadas nos códigos 5.110 ou 6.110 "Venda de mercadoria adquirida ou recebida de terceiros, destinada à Zona Franca de Manaus ou Áreas de Livre Comércio". Também serão classificados neste código os retornos de mercadorias não entregues ao destinatário.
1.205	2.205	3.205	Anulação de valor relativo à prestação de serviço de comunicação.
			Classificam-se neste código as anulações correspondentes a valores faturados indevidamente, decorrentes de prestações de serviços de comunicação.
1.206	2.206	3.206	Anulação de valor relativo à prestação de serviço de transporte.
			Classificam-se neste código as anulações correspondentes a valores faturados indevidamente, decorrentes de prestações de serviços de transporte.
1.207	2.207	3.207	Anulação de valor relativo à venda de energia elétrica.
			Classificam-se neste código as anulações correspondentes a valores faturados indevidamente, decorrentes de venda de energia elétrica.
1.208	2.208		Devolução de produção do estabelecimento, remetida em transferência.
			Classificam-se neste código as devoluções de produtos industrializados ou produzidos pelo próprio estabelecimento, transferidos para outros estabelecimentos da mesma empresa.
1.209	2.209		Devolução de mercadoria adquirida ou recebida de terceiros, remetida em transferência.
			Classificam-se neste código as devoluções de mercadorias adquiridas ou recebidas de terceiros, transferidas para outros estabelecimentos da mesma empresa.
		3.211	Devolução de venda de produção do estabelecimento sob o regime de "drawback".
			Classificam-se neste código as devoluções de vendas de produtos industrializados pelo estabelecimento sob o regime de "drawback".
1.212	2.212		Devolução de venda no mercado interno de mercadoria industrializada e insumo importado sob o Regime Aduaneiro Especial de Entreposto Industrial sob Controle Informatizado do Sistema Público de Escrituração Digital (RECOF-SPED).
			Classificam-se neste código as devoluções de vendas de produtos industrializados e insumos importados pelo estabelecimento.

		3.212	Devolução de venda no mercado externo de mercadoria industrializada sob o Regime Aduaneiro Especial de Entreposto Industrial sob Controle Informatizado do Sistema Público de Escrituração Digital (RECOF-SPED).
			Classificam-se neste código as devoluções de vendas de produtos industrializados pelo estabelecimento, cujas saídas tenham sido classificadas como "Venda de produção do estabelecimento ao mercado externo de mercadoria industrializada sob o amparo do Regime Aduaneiro Especial de Entreposto Industrial sob Controle Informatizado do Sistema Público de Escrituração Digital (RECOF-SPED)".
1.213	2.213		Devolução de remessa de produção do estabelecimento, com previsão de posterior ajuste ou fixação de preço, em ato cooperativo.
			Classificam-se neste código as devoluções de remessa que tenham sido classificadas nos códigos 5.131 ou 6.131 "Remessa de produção do estabelecimento, com previsão de posterior ajuste ou fixação de preço, de ato cooperativo".
1.214	2.214		Devolução referente à fixação de preço de produção do estabelecimento produtor, de ato cooperativo.
			Classificam-se neste código as devoluções referentes à fixação de preço de produção do estabelecimento produtor cuja saída tenha sido classificada nos códigos 5.132 ou 6.132 "Fixação de preço de produção do estabelecimento, inclusive quando remetidas anteriormente com previsão de posterior ajuste ou fixação de preço, de ato cooperativo".
1.215	2.215		Devolução de fornecimento de produção do estabelecimento de ato cooperativo.
			Classificam-se neste código as devoluções de fornecimentos de produtos industrializados ou produzidos pelo próprio estabelecimento de cooperativa destinados a seus cooperados ou a estabelecimento de outra cooperativa, cujas saídas tenham sido classificadas nos códigos 5.159 ou 6.159 "Fornecimento de produção do estabelecimento de ato cooperativo".
1.216	2.216		Devolução de fornecimento de mercadoria adquirida ou recebida de terceiros de ato cooperativo.
			Classificam-se neste código as devoluções de fornecimentos de mercadorias adquiridas ou recebidas de terceiros, que não tenham sido objeto de qualquer processo industrial no estabelecimento de cooperativa, destinados a seus cooperados ou a estabelecimento de outra cooperativa, cujas saídas tenham sido classificadas nos códigos 5.160 ou 6.160 "Fornecimento de mercadoria adquirida ou recebida de terceiros de ato cooperativo".
1.250	**2.250**	**3.250**	**COMPRAS DE ENERGIA ELÉTRICA**
1.251	2.251	3.251	Compra de energia elétrica para distribuição ou comercialização.
			Classificam-se neste código as compras de energia elétrica utilizada em sistema de distribuição ou comercialização. Também serão classificadas neste código as compras de energia elétrica por cooperativas para distribuição aos seus cooperados.

1.252	2.252		Compra de energia elétrica por estabelecimento industrial.
			Classificam-se neste código as compras de energia elétrica utilizada no processo de industrialização. Também serão classificadas neste código as compras de energia elétrica utilizada por estabelecimento industrial de cooperativa.
1.253	2.253		Compra de energia elétrica por estabelecimento comercial.
			Classificam-se neste código as compras de energia elétrica utilizada por estabelecimento comercial. Também serão classificadas neste código as compras de energia elétrica utilizada por estabelecimento comercial de cooperativa.
1.254	2.254		Compra de energia elétrica por estabelecimento prestador de serviço de transporte.
			Classificam-se neste código as compras de energia elétrica utilizada por estabelecimento prestador de serviços de transporte.
1.255	2.255		Compra de energia elétrica por estabelecimento prestador de serviço de comunicação.
			Classificam-se neste código as compras de energia elétrica utilizada por estabelecimento prestador de serviços de comunicação.
1.256	2.256		Compra de energia elétrica por estabelecimento de produtor rural.
			Classificam-se neste código as compras de energia elétrica utilizada por estabelecimento de produtor rural.
1.257	2.257		Compra de energia elétrica para consumo por demanda contratada.
			Classificam-se neste código as compras de energia elétrica para consumo por demanda contratada, que prevalecerá sobre os demais códigos deste subgrupo.
1.300	**2.300**	**3.300**	**AQUISIÇÕES DE SERVIÇOS DE COMUNICAÇÃO**
1.301	2.301	3.301	Aquisição de serviço de comunicação para execução de serviço da mesma natureza.
			Classificam-se neste código as aquisições de serviços de comunicação utilizados nas prestações de serviços da mesma natureza.
1.302	2.302		Aquisição de serviço de comunicação por estabelecimento industrial.
			Classificam-se neste código as aquisições de serviços de comunicação utilizados por estabelecimento industrial. Também serão classificadas neste código as aquisições de serviços de comunicação utilizados por estabelecimento industrial de cooperativa.
1.303	2.303		Aquisição de serviço de comunicação por estabelecimento comercial.
			Classificam-se neste código as aquisições de serviços de comunicação utilizados por estabelecimento comercial. Também serão classificadas neste código as aquisições de serviços de comunicação utilizados por estabelecimento comercial de cooperativa.

1.304	2.304		Aquisição de serviço de comunicação por estabelecimento de prestador de serviço de transporte.
			Classificam-se neste código as aquisições de serviços de comunicação utilizados por estabelecimento prestador de serviço de transporte.
1.305	2.305		Aquisição de serviço de comunicação por estabelecimento de geradora ou de distribuidora de energia elétrica.
			Classificam-se neste código as aquisições de serviços de comunicação utilizados por estabelecimento de geradora ou de distribuidora de energia elétrica.
1.306	2.306		Aquisição de serviço de comunicação por estabelecimento de produtor rural.
			Classificam-se neste código as aquisições de serviços de comunicação utilizados por estabelecimento de produtor rural.
1.350	**2.350**	**3.350**	**AQUISIÇÕES DE SERVIÇOS DE TRANSPORTE**
1.351	2.351	3.351	Aquisição de serviço de transporte para execução de serviço da mesma natureza.
			Classificam-se neste código as aquisições de serviços de transporte utilizados nas prestações de serviços da mesma natureza.
1.352	2.352	3.352	Aquisição de serviço de transporte por estabelecimento industrial.
			Classificam-se neste código as aquisições de serviços de transporte utilizados por estabelecimento industrial. Também serão classificadas neste código as aquisições de serviços de transporte utilizados por estabelecimento industrial de cooperativa.
1.353	2.353	3.353	Aquisição de serviço de transporte por estabelecimento comercial.
			Classificam-se neste código as aquisições de serviços de transporte utilizados por estabelecimento comercial. Também serão classificadas neste código as aquisições de serviços de transporte utilizados por estabelecimento comercial de cooperativa.
1.354	2.354	3.354	Aquisição de serviço de transporte por estabelecimento de prestador de serviço de comunicação.
			Classificam-se neste código as aquisições de serviços de transporte utilizados por estabelecimento prestador de serviços de comunicação.
1.355	2.355	3.355	Aquisição de serviço de transporte por estabelecimento de geradora ou de distribuidora de energia elétrica.
			Classificam-se neste código as aquisições de serviços de transporte utilizados por estabelecimento de geradora ou de distribuidora de energia elétrica.
1.356	2.356	3.356	Aquisição de serviço de transporte por estabelecimento de produtor rural.
			Classificam-se neste código as aquisições de serviços de transporte utilizados por estabelecimento de produtor rural.

1.360			Aquisição de serviço de transporte por contribuinte substituto em relação ao serviço de transporte.
			Classificam-se neste código as aquisições de serviços de transporte quando o adquirente for o substituto tributário do imposto decorrente da prestação dos serviços.
1.400	**2.400**		**ENTRADAS DE MERCADORIAS SUJEITAS AO REGIME DE SUBSTITUIÇÃO TRIBUTÁRIA**
1.401	2.401		Compra para industrialização ou produção rural em operação com mercadoria sujeita ao regime de substituição tributária.
			Classificam-se neste código as compras de mercadorias a serem utilizadas em processo de industrialização ou produção rural, decorrentes de operações com mercadorias sujeitas ao regime de substituição tributária. Também serão classificadas neste código as compras por estabelecimento industrial ou produtor rural de cooperativa de mercadorias sujeitas ao regime de substituição tributária.
1.403	2.403		Compra para comercialização em operação com mercadoria sujeita ao regime de substituição tributária.
			Classificam-se neste código as compras de mercadorias a serem comercializadas, decorrentes de operações com mercadorias sujeitas ao regime de substituição tributária. Também serão classificadas neste código as compras de mercadorias sujeitas ao regime de substituição tributária em estabelecimento comercial de cooperativa.
1.406	2.406		Compra de bem para o ativo imobilizado cuja mercadoria está sujeita ao regime de substituição tributária.
			Classificam-se neste código as compras de bens destinados ao ativo imobilizado do estabelecimento, em operações com mercadorias sujeitas ao regime de substituição tributária.
1.407	2.407		Compra de mercadoria para uso ou consumo cuja mercadoria está sujeita ao regime de substituição tributária.
			Classificam-se neste código as compras de mercadorias destinadas ao uso ou consumo do estabelecimento, em operações com mercadorias sujeitas ao regime de substituição tributária.
1.408	2.408		Transferência para industrialização ou produção rural em operação com mercadoria sujeita ao regime de substituição tributária.
			Classificam-se neste código as mercadorias recebidas em transferência de outro estabelecimento da mesma empresa, para serem industrializadas ou consumidas na produção rural no estabelecimento, em operações com mercadorias sujeitas ao regime de substituição tributária.
1.409	2.409		Transferência para comercialização em operação com mercadoria sujeita ao regime de substituição tributária.
			Classificam-se neste código as mercadorias recebidas em transferência de outro estabelecimento da mesma empresa, para serem comercializadas, decorrentes de operações sujeitas ao regime de substituição tributária.

1.410	2.410		Devolução de venda de produção do estabelecimento em operação com produto sujeito ao regime de substituição tributária.
			Classificam-se neste código as devoluções de produtos industrializados ou produzidos pelo próprio estabelecimento, cujas saídas tenham sido classificadas como "Venda de produção do estabelecimento em operação com produto sujeito ao regime de substituição tributária".
1.411	2.411		Devolução de venda de mercadoria adquirida ou recebida de terceiros em operação com mercadoria sujeita ao regime de substituição tributária.
			Classificam-se neste código as devoluções de vendas de mercadorias adquiridas ou recebidas de terceiros, cujas saídas tenham sido classificadas como "Venda de mercadoria adquirida ou recebida de terceiros em operação com mercadoria sujeita ao regime de substituição tributária".
1.414	2.411		Retorno de produção do estabelecimento, remetida para venda fora do estabelecimento em operação com produto sujeito ao regime de substituição tributária.
			Classificam-se neste código as entradas, em retorno, de produtos industrializados ou produzidos pelo próprio estabelecimento, remetidos para vendas fora do estabelecimento, inclusive por meio de veículos, em operações com produtos sujeitos ao regime de substituição tributária, e não comercializadas.
1.415	2.415		Retorno de mercadoria adquirida ou recebida de terceiros, remetida para venda fora do estabelecimento em operação com mercadoria sujeita ao regime de substituição tributária.
			Classificam-se neste código as entradas, em retorno, de mercadorias adquiridas ou recebidas de terceiros remetidas para vendas fora do estabelecimento, inclusive por meio de veículos, em operações com mercadorias sujeitas ao regime de substituição tributária, e não comercializadas.
1.450	**2.450**		**SISTEMAS DE INTEGRAÇÃO E PARCERIA RURAL**
			Classificam-se, neste grupo, as operações e prestações de integração e parceria rural. Constitui parceria rural o contrato agrário com cessão, por tempo determinado ou não, do uso de imóvel rural, para exercer atividade agrícola, pecuária, agroindustrial, extrativa vegetal ou mista; e ou entrega de animais para cria, recria, invernagem, engorda ou extração de matérias primas de origem animal, mediante partilha de riscos e frutos, produtos ou lucros havidos. Constitui integração vertical ou integração a relação contratual entre produtores integrados e integradores que visa a planejar e a realizar a produção e a industrialização ou comercialização de matéria-prima, bens intermediários ou bens de consumo final.
1.451	2.451		Entrada de animal - Sistema de Integração e Parceria Rural.
			Classificam-se neste código as entradas de animais pelo sistema integrado e de produção animal, para criação, recriação ou engorda, inclusive em sistema de confinamento. Também serão classificadas neste código as entradas do sistema de integração e produção animal decorrentes de "ato cooperativo", inclusive as operações entre cooperativa singular e cooperativa central.

1.452	2.452		Entrada de insumo - Sistema de Integração e Parceria Rural.
			Classificam-se neste código as entradas de insumos pelo sistema integrado e de produção animal, para criação, recriação ou engorda, inclusive em sistema de confinamento. Também serão classificadas neste código as entradas do sistema de integração e produção animal decorrentes de "ato cooperativo", inclusive as operações entre cooperativa singular e cooperativa central.
1.453	2.453		Retorno do animal ou da produção - Sistema de Integração e Parceria Rural.
			Classificam-se neste código as entradas referentes ao retorno da produção, bem como dos animais criados, recriados ou engordados pelo produtor no sistema integrado e de produção animal, cujas saídas tenham sido classificadas nos códigos 5.453 ou 6.453 "Retorno de animal ou da produção - Sistema de Integração e Parceria Rural". Também serão classificados neste código as entradas referentes ao retorno do sistema de integração e produção animal decorrentes de "ato cooperativo", inclusive as operações entre cooperativa singular e cooperativa central.
1.454	2.454		Retorno simbólico do animal ou da produção - Sistema de Integração e Parceria Rural.
			Classificam-se neste código as entradas referentes ao retorno simbólico da produção, bem como dos animais criados, recriados ou engordados pelo produtor no sistema integrado e de produção animal, cujas saídas tenham sido classificadas nos códigos 5.454 ou 6.454 "Retorno simbólico de animal ou da produção - Sistema de Integração e Parceria Rural".
1.455	2.455		Retorno de insumo não utilizado na produção - Sistema de Integração e Parceria Rural.
			Classificam-se neste código as entradas referentes ao retorno de insumos não utilizados pelo produtor na criação, recriação ou engorda de animais pelo sistema integrado e de produção animal, inclusive em sistema de confinamento, cujas saídas tenham sido classificadas nos códigos 5.455 ou 6.455 "Retorno de insumos não utilizados na produção - Sistema de Integração e Parceria Rural", inclusive as operações entre cooperativa singular e cooperativa central.
1.456	2.456		Entrada referente a remuneração do produtor no Sistema de Integração e Parceria Rural.
			Classificam-se neste código as entradas da parcela da produção do produtor realizadas em sistema de integração e produção animal, quando da entrega ao integrador ou parceiro. Também serão classificadas neste código as entradas decorrentes de "ato cooperativo", inclusive as operações entre cooperativa singular e cooperativa central.

1.500	**2.500**	**3.500**	**ENTRADAS DE MERCADORIAS REMETIDAS PARA FORMAÇÃO DE LOTE OU COM FIM ESPECÍFICO DE EXPORTAÇÃO E EVENTUAIS DEVOLUÇÕES**
1.501	2.501		Entrada de mercadoria recebida com fim específico de exportação.
			Classificam-se neste código as entradas de mercadorias em estabelecimento de trading company, empresa comercial exportadora ou outro estabelecimento do remetente, com fim específico de exportação.
1.503	2.503		Entrada decorrente de devolução de produto remetido com fim específico de exportação, de produção do estabelecimento.
			Classificam-se neste código as devoluções de produtos industrializados ou produzidos pelo próprio estabelecimento, remetidos a trading company, a empresa comercial exportadora ou a outro estabelecimento do remetente, com fim específico de exportação, cujas saídas tenham sido classificadas nos códigos 5.501 ou 6.501 "Remessa de produção do estabelecimento, com fim específico de exportação".
		3.503	Devolução de mercadoria exportada que tenha sido recebida com fim específico de exportação.
			Classificam-se neste código as devoluções de mercadorias exportadas por trading company, empresa comercial exportadora ou outro estabelecimento do remetente, recebidas com fim específico de exportação, cujas saídas tenham sido classificadas no código "7.501 - Exportação de mercadorias recebidas com fim específico de exportação".
1.504	2.504		Entrada decorrente de devolução de mercadoria remetida com fim específico de exportação, adquirida ou recebida de terceiros.
			Classificam-se neste código as devoluções de mercadorias adquiridas ou recebidas de terceiros remetidas a trading company, a empresa comercial exportadora ou a outro estabelecimento do remetente, com fim específico de exportação, cujas saídas tenham sido classificadas nos códigos 5.502 ou 5.502 "Remessa de mercadoria adquirida ou recebida de terceiros, com fim específico de exportação".
1.505	2.505		Entrada decorrente de devolução de mercadorias remetidas para formação de lote de exportação, de produtos industrializados ou produzidos pelo próprio estabelecimento.
			Classificam-se neste código as devoluções simbólicas ou físicas de mercadorias, bem como o retorno de mercadorias não entregues, remetidas para formação de lote de exportação cujas saídas tenham sido classificadas nos códigos 5.504 ou 6.504 "Remessa de mercadorias para formação de lote de exportação, de produtos industrializados ou produzidos pelo próprio estabelecimento".

1.506	2.506		Entrada decorrente de devolução de mercadorias, adquiridas ou recebidas de terceiros, remetidas para formação de lote de exportação.
			Classificam-se neste código as devoluções simbólicas ou físicas de mercadorias, bem como o retorno de mercadorias não entregues, remetidas para formação de lote de exportação em armazéns alfandegados, entrepostos aduaneiros ou outros estabelecimentos que venham a ser regulamentados pela legislação tributária de cada Unidade Federada, efetuadas pelo estabelecimento depositário, cujas saídas tenham sido classificadas nos códigos 5.505 ou 6.505 "Remessa de mercadorias, adquiridas ou recebidas de terceiros, para formação de lote de exportação".
1.550	**2.550**	**3.550**	**OPERAÇÕES COM BENS DE ATIVO IMOBILIZADO E MATERIAIS PARA USO OU CONSUMO**
1.551	2.551	3.551	Compra de bem para o ativo imobilizado.
			Classificam-se neste código as compras de bens destinados ao ativo imobilizado do estabelecimento.
1.552	2.552		Transferência de bem do ativo imobilizado.
			Classificam-se neste código as entradas de bens destinados ao ativo imobilizado recebidos em transferência de outro estabelecimento da mesma empresa.
		3.552	Entrada de produtos destinados ao uso ou consumo de bordo, em embarcações ou aeronaves exclusivamente em tráfego internacional com destino ao exterior.
			Classificam-se neste código as entradas de produtos destinados ao uso ou consumo de bordo, em embarcações ou aeronaves exclusivamente em tráfego internacional com destino ao exterior, cuja operação tenha sido equiparada a uma exportação classificada no código "7.552 - Saída de produtos destinados ao uso ou consumo de bordo, em embarcações ou aeronaves exclusivamente em tráfego internacional com destino ao exterior.
1.553	2.553		Devolução de venda de bem do ativo imobilizado.
			Classificam-se neste código as devoluções de vendas de bens do ativo imobilizado, cujas saídas tenham sido classificadas nos códigos 5.551 ou 6.551 "Venda de bem do ativo imobilizado".
		3.553	Devolução de venda de bem do ativo imobilizado.
			Classificam-se neste código as devoluções de vendas de bens do ativo imobilizado, cujas saídas tenham sido classificadas no código "7.551 - Venda de bem do ativo imobilizado".
1.554	2.554		Retorno de bem do ativo imobilizado remetido para uso fora do estabelecimento.
			Classificam-se neste código as entradas por retorno de bens do ativo imobilizado remetidos para uso fora do estabelecimento, cujas saídas tenham sido classificadas nos códigos 5.554 ou 6.554 "Remessa de bem do ativo imobilizado para uso fora do estabelecimento".

1.555	2.555		Entrada de bem do ativo imobilizado de terceiro, remetido para uso no estabelecimento.
			Classificam-se neste código as entradas de bens do ativo imobilizado de terceiros, remetidos para uso no estabelecimento.
1.556	2.556	3.556	Compra de material para uso ou consumo.
			Classificam-se neste código as compras de mercadorias destinadas ao uso ou consumo do estabelecimento.
1.557	2.557		Transferência de material para uso ou consumo.
			Classificam-se neste código as entradas de materiais para uso ou consumo recebidos em transferência de outro estabelecimento da mesma empresa.
1.600	**2.600**		**CRÉDITOS E RESSARCIMENTOS DE ICMS**
1.601			Recebimento, por transferência, de crédito de ICMS.
			Classificam-se neste código os lançamentos destinados ao registro de créditos de ICMS, recebidos por transferência de outras empresas.
1.602			Recebimento, por transferência, de saldo credor de ICMS de outro estabelecimento da mesma empresa, para compensação de saldo devedor de ICMS.
			Classificam-se neste código os lançamentos destinados ao registro da transferência de saldos credores de ICMS recebidos de outros estabelecimentos da mesma empresa, destinados à compensação do saldo devedor do estabelecimento, inclusive no caso de apuração centralizada do imposto.
1.603	2.603		Ressarcimento de ICMS retido por substituição tributária.
			Classificam-se neste código os lançamentos destinados ao registro de ressarcimento de ICMS retido por substituição tributária a contribuinte substituído, efetuado pelo contribuinte substituto, ou, ainda, quando o ressarcimento for apropriado pelo próprio contribuinte substituído, nas hipóteses previstas na legislação aplicável.
1.604			Lançamento do crédito relativo à compra de bem para o ativo imobilizado.
			Classificam-se neste código os lançamentos destinados ao registro da apropriação de crédito de bens do ativo imobilizado.
1.605			Recebimento, por transferência, de saldo devedor de ICMS de outro estabelecimento da mesma empresa.
			Classificam-se neste código os lançamentos destinados ao registro da transferência de saldo devedor de ICMS recebido de outro estabelecimento da mesma empresa, para efetivação da apuração centralizada do imposto.
1.650	**2.650**	**3.650**	**ENTRADAS DE COMBUSTÍVEIS, DERIVADOS OU NÃO DE PETRÓLEO E LUBRIFICANTES**
1.651	2.651	3.651	Compra de combustíveis ou lubrificantes para industrialização subsequente.
			Classificam-se neste código as compras de combustíveis ou lubrificantes a serem utilizados em processo de industrialização do próprio produto.

1.652	2.652	3.652	Compra de combustíveis ou lubrificantes para comercialização.
			Classificam-se neste código as compras de combustíveis ou lubrificantes a serem comercializados.
1.653	2.653	3.653	Compra de combustíveis ou lubrificantes por consumidor ou usuário final.
			Classificam-se neste código as compras de combustíveis ou lubrificantes a serem consumidos em processo de industrialização de outros produtos, na produção rural, na prestação de serviços ou por usuário final.
1.657	2.657		Retorno de remessa de combustíveis ou lubrificantes para venda fora do estabelecimento.
			Classificam-se neste código as entradas em retorno de combustíveis ou lubrificantes remetidos para venda fora do estabelecimento, inclusive por meio de veículos, e não comercializados.
1.658	2.658		Transferência de combustíveis e lubrificantes para industrialização.
			Classificam-se neste código as entradas de combustíveis e lubrificantes recebidas em transferência de outro estabelecimento da mesma empresa para serem utilizados em processo de industrialização do próprio produto.
1.659	2.659		Transferência de combustíveis e lubrificantes para comercialização.
			Classificam-se neste código as entradas de combustíveis e lubrificantes recebidas em transferência de outro estabelecimento da mesma empresa para serem comercializados.
1.660	2.660		Devolução de venda de combustíveis ou lubrificantes destinados à industrialização subsequente.
			Classificam-se neste código as devoluções de vendas de combustíveis ou lubrificantes, cujas saídas tenham sido classificadas como "Venda de combustíveis ou lubrificantes destinados à industrialização subsequente".
1.661	2.661		Devolução de venda de combustíveis ou lubrificantes destinados à comercialização.
			Classificam-se neste código as devoluções de vendas de combustíveis ou lubrificantes, cujas saídas tenham sido classificadas como "Venda de combustíveis ou lubrificantes para comercialização".
1.662	2.662		Devolução de venda de combustíveis ou lubrificantes destinados a consumidor ou usuário final.
			Classificam-se neste código as devoluções de vendas de combustíveis ou lubrificantes, cujas saídas tenham sido classificadas como "Venda de combustíveis ou lubrificantes por consumidor ou usuário final".
1.663	2.663		Entrada de combustíveis ou lubrificantes para armazenagem.
			Classificam-se neste código as entradas de combustíveis ou lubrificantes para armazenagem.

1.664	2.664		Retorno de combustíveis ou lubrificantes remetidos para armazenagem.
			Classificam-se neste código as entradas, ainda que simbólicas, por retorno de combustíveis ou lubrificantes, remetidos para armazenagem.
		3.667	Entrada de combustíveis ou lubrificantes para consumo final, em embarcações ou aeronaves exclusivamente em tráfego internacional com destino ao exterior.
			Classificam-se neste código as entradas de combustíveis ou lubrificantes para consumo final, em embarcações ou aeronaves exclusivamente em tráfego internacional com destino ao exterior, cuja operação tenha sido equiparada a uma exportação classificada no código “7.667 - Venda de combustíveis ou lubrificantes a consumidor ou usuário final”.
1.900	**2.900**	**3.900**	**OUTRAS ENTRADAS DE MERCADORIAS OU AQUISIÇÕES DE SERVIÇOS**
1.901	2.901		Entrada para industrialização por encomenda.
			Classificam-se neste código as entradas de insumos recebidos para industrialização por encomenda de outra empresa ou de outro estabelecimento da mesma empresa.
1.902	2.902		Retorno de mercadoria remetida para industrialização por encomenda.
			Classificam-se neste código o retorno dos insumos remetidos para industrialização por encomenda, incorporados ao produto final pelo estabelecimento industrializador.
1.903	2.903		Entrada de mercadoria remetida para industrialização e não aplicada no referido processo.
			Classificam-se neste código as entradas em devolução de insumos remetidos para industrialização e não aplicados no referido processo.
1.904	2.904		Retorno de remessa para venda fora do estabelecimento, ou qualquer entrada e retorno de remessa efetuada pelo MEI com exceção dos classificados nos códigos 1.202, 1.503, 1.504, 1.505 e 1.506 ou nos códigos 2.202, 2.503, 2.504, 2.505 e 2.506.
			Classificam-se neste código as entradas em retorno de mercadorias remetidas para venda fora do estabelecimento, inclusive por meio de veículos, e não comercializadas. Também serão classificadas neste código quaisquer entradas e retornos de remessa efetuadas pelo MEI com exceção dos classificados nos códigos 1.202 ou 2.202 “Devolução de venda de mercadoria adquirida ou recebida de terceiros, ou qualquer devolução de mercadoria efetuada pelo MEI com exceção das classificadas nos códigos 1.503, 1.504, 1.505 e 1.506 ou nos códigos 2.503, 2.504, 2.505 e 2.506”,1.503 ou 2.503 “Entrada decorrente de devolução de produto remetido com fim específico de exportação, de produção do estabelecimento”, 1.504 ou 2.504 “Entrada decorrente de devolução de mercadoria remetida com fim específico de exportação, adquirida ou recebida de terceiros”, 1.505 ou 2.505 “Entrada decorrente de devolução de mercadorias remetidas para formação de lote de exportação, de produtos industrializados ou produzidos pelo próprio estabelecimento” e 1.506 ou 2.506 “Entrada decorrente de devolução de mercadorias, adquiridas ou recebidas de terceiros, remetidas para formação de lote de exportação”.

1.905			Entrada de mercadoria recebida para depósito em depósito fechado, armazém geral ou outro estabelecimento da mesma empresa ou de terceiro. (Redação dada pelo Ajuste SINIEF nº 40/2023)
			Classificam-se neste código as entradas de mercadorias recebidas para depósito em depósito fechado, armazém geral ou outro estabelecimento da mesma empresa ou de terceiro. (Redação dada pelo Ajuste SINIEF nº 40/2023)
	2.905		Entrada de mercadoria recebida para depósito em depósito fechado ou armazém geral.
			Classificam-se neste código as entradas de mercadorias recebidas para depósito em depósito fechado ou armazém geral.
1.906	2.906		Retorno de mercadoria remetida para depósito fechado ou armazém geral.
			Classificam-se neste código as entradas em retorno de mercadorias remetidas para depósito em depósito fechado ou armazém geral.
1.907	2.907		Retorno simbólico de mercadoria remetida para depósito fechado ou armazém geral.
			Classificam-se neste código as entradas em retorno simbólico de mercadorias remetidas para depósito em depósito fechado ou armazém geral, quando as mercadorias depositadas tenham sido objeto de saída a qualquer título e que não tenham retornado ao estabelecimento depositante.
1.908	2.908		Entrada de bem por conta de contrato de comodato ou locação.
			Classificam-se neste código as entradas de bens recebidos em cumprimento de contrato de comodato ou locação.
1.909	2.909		Retorno de bem remetido por conta de contrato de comodato ou locação.
			Classificam-se neste código as entradas de bens recebidos em devolução após cumprido o contrato de comodato ou locação.
1.910	2.910		Entrada de bonificação, doação ou brinde.
			Classificam-se neste código as entradas de mercadorias recebidas a título de bonificação, doação ou brinde.
1.911	2.911		Entrada de amostra grátis.
			Classificam-se neste código as entradas de mercadorias recebidas a título de amostra grátis.
1.912	2.912		Entrada de mercadoria ou bem recebido para demonstração ou mostruário.
			Classificam-se neste código as entradas de mercadorias ou bens recebidos para demonstração ou mostruário.
1.913	2.913		Retorno de mercadoria ou bem remetido para demonstração, mostruário ou treinamento.
			Classificam-se neste código as entradas em retorno de mercadorias ou bens remetidos para demonstração, mostruário ou treinamento.
1.914	2.914		Retorno de mercadoria ou bem remetido para exposição ou feira.
			Classificam-se neste código as entradas em retorno de mercadorias ou bens remetidos para exposição ou feira.
1.915	2.915		Entrada de mercadoria ou bem recebido para conserto ou reparo.
			Classificam-se neste código as entradas de mercadorias ou bens recebidos para conserto ou reparo.
1.916	2.916		Retorno de mercadoria ou bem remetido para conserto ou reparo.
			Classificam-se neste código as entradas em retorno de mercadorias ou bens remetidos para conserto ou reparo.

1.917	2.917		Entrada de mercadoria recebida em consignação mercantil ou industrial.
			Classificam-se neste código as entradas de mercadorias recebidas a título de consignação mercantil ou industrial.
1.918	2.918		Devolução de mercadoria remetida em consignação mercantil ou industrial.
			Classificam-se neste código as entradas por devolução de mercadorias remetidas anteriormente a título de consignação mercantil ou industrial.
1.919	2.919		Devolução simbólica de mercadoria vendida ou utilizada em processo industrial, remetida anteriormente em consignação mercantil ou industrial.
			Classificam-se neste código as entradas por devolução simbólica de mercadorias vendidas ou utilizadas em processo industrial, remetidas anteriormente a título de consignação mercantil ou industrial.
1.920	2.920		Entrada de embalagens, bombonas, vasilhames, sacarias, pallets ou assemelhados.
			Classificam-se neste código as entradas de embalagens, bombonas, vasilhames, sacarias, pallets ou assemelhados.
1.921	2.921		Retorno de embalagens, bombonas, vasilhames, sacarias, pallets ou assemelhados.
			Classificam-se neste código as entradas em retorno de embalagens, bombonas, vasilhames, sacarias, pallets ou assemelhados.
1.922	2.922		Lançamento efetuado a título de simples faturamento decorrente de compra para recebimento futuro.
			Classificam-se neste código os registros efetuados a título de simples faturamento decorrente de compra para recebimento futuro.
1.923	2.923		Entrada de mercadoria recebida do vendedor remetente, em venda à ordem.
			Classificam-se neste código as entradas de mercadorias recebidas do vendedor remetente, em vendas à ordem, cuja compra do adquirente originário, foi classificada nos códigos 1.120 ou 2.120 "Compra para industrialização, em venda à ordem, já recebida do vendedor remetente" ou nos códigos 1.121 ou 2.121 "Compra para comercialização, em venda à ordem, já recebida do vendedor remetente".
1.924	2.924		Entrada para industrialização por conta e ordem do adquirente da mercadoria, quando esta não transitar pelo estabelecimento do adquirente.
			Classificam-se neste código as entradas de insumos recebidos para serem industrializados por conta e ordem do adquirente, nas hipóteses em que os insumos não tenham transitado pelo estabelecimento do adquirente dos mesmos.

1.925	2.925		Retorno de mercadoria remetida para industrialização por conta e ordem do adquirente da mercadoria, quando esta não transitar pelo estabelecimento do adquirente.
			Classificam-se neste código o retorno dos insumos remetidos por conta e ordem do adquirente, para industrialização e incorporados ao produto final pelo estabelecimento industrializador, nas hipóteses em que os insumos não tenham transitado pelo estabelecimento do adquirente.
1.926			Lançamento efetuado a título de reclassificação de mercadoria decorrente de formação de kit ou de sua desagregação.
			Classificam-se neste código os registros efetuados a título de reclassificação decorrente de formação de kit de mercadorias ou de sua desagregação.
		3.930	Lançamento efetuado a título de entrada de bem sob amparo de regime especial aduaneiro de admissão temporária.
			Classificam-se neste código os lançamentos efetuados a título de entrada de bens amparada por regime especial aduaneiro de admissão temporária.
1.931	2.931		Lançamento efetuado pelo tomador do serviço de transporte quando a responsabilidade de retenção do imposto for atribuída ao remetente ou alienante da mercadoria, pelo serviço de transporte realizado por transportador autônomo ou por transportador não inscrito na unidade da Federação onde iniciado o serviço.
			Classificam-se neste código exclusivamente os lançamentos efetuados pelo tomador do serviço de transporte realizado por transportador autônomo ou por transportador não inscrito na unidade da Federação, onde iniciado o serviço, quando a responsabilidade pela retenção do imposto for atribuída ao remetente ou alienante da mercadoria.
1.932	2.932		Aquisição de serviço de transporte iniciado em unidade da Federação diversa daquela onde inscrito o prestador.
			Classificam-se neste código as aquisições de serviços de transporte que tenham sido iniciados em unidade da Federação diversa daquela onde o prestador está inscrito como contribuinte.
1.933	2.933		Aquisição de serviço tributado pelo ISSQN.
			Classificam-se neste código as aquisições de serviços, de competência municipal, desde que informado sem Nota Fiscal modelo 1 ou 1-A.
1.934	2.934		Entrada simbólica de mercadoria recebida para depósito em depósito fechado ou armazém geral.
			Classificam-se neste código as entradas simbólicas de mercadorias recebidas para depósito em depósito fechado ou armazém geral, cuja remessa tenha sido classificada pelo remetente nos códigos 5.934 ou 6.934 "Remessa simbólica de mercadoria depositada em armazém geral ou depósito fechado".
1.949	2.949	3.949	Outra entrada de mercadoria ou prestação de serviço não especificada.
			Classificam-se neste código as outras entradas de mercadorias ou prestações de serviços que não tenham sido especificadas nos códigos anteriores.

2.5.2 Saídas de Mercadorias, Bens ou Prestação de Serviços

GRUPO 5	GRUPO 6	GRUPO 7	DESCRIÇÃO DA OPERAÇÃO OU DA PRESTAÇÃO
5.100	**6.100**	**7.100**	**VENDAS DE PRODUÇÃO PRÓPRIA OU DE TERCEIROS**
5.101	6.101		Venda de produção do estabelecimento.
			Classificam-se neste código as vendas de produtos industrializados ou produzidos pelo próprio estabelecimento.
		7.101	Venda de produção do estabelecimento.
			Classificam-se neste código as vendas de produtos do estabelecimento. Também serão classificadas neste código as vendas de mercadorias por estabelecimento industrial ou produtor rural de cooperativa.
5.102	6.102		Venda de mercadoria adquirida ou recebida de terceiros, ou qualquer venda de mercadoria efetuada pelo MEI com exceção das saídas classificadas nos códigos 5.501, 5.502, 5.504, 5.505, 6.501, 6.502, 6.504 e 6.505.
			Classificam-se neste código as vendas de mercadorias adquiridas ou recebidas de terceiros para industrialização ou comercialização, que não tenham sido objeto de qualquer processo industrial no estabelecimento. Também serão classificadas neste código quaisquer vendas de mercadorias efetuadas pelo MEI com exceção das saídas classificadas nos códigos 5.501 ou 6.501 "Remessa de produção do estabelecimento, com fim específico de exportação", 5.502 ou 6.502 "Remessa de mercadoria adquirida ou recebida de terceiros, com fim específico de exportação", 5.504 ou 6.504 "Remessa de mercadorias para formação de lote de exportação, de produtos industrializados ou produzidos pelo próprio estabelecimento" e 5.505 ou 6.505 "Remessa de mercadorias, adquiridas ou recebidas de terceiros, para formação de lote de exportação".
		7.102	Venda de mercadoria adquirida ou recebida de terceiros.
			Classificam-se neste código as vendas de mercadorias adquiridas ou recebidas de terceiros para industrialização ou comercialização, que não tenham sido objeto de qualquer processo industrial no estabelecimento. Também serão classificadas neste código as vendas de mercadorias por estabelecimento comercial de cooperativa.
5.103	6.103		Venda de produção do estabelecimento, efetuada fora do estabelecimento.
			Classificam-se neste código as vendas efetuadas fora do estabelecimento, inclusive por meio de veículo, de produtos industrializados ou produzidos pelo próprio estabelecimento.
5.104	6.104		Venda de mercadoria adquirida ou recebida de terceiros, efetuada fora do estabelecimento.
			Classificam-se neste código as vendas efetuadas fora do estabelecimento, inclusive por meio de veículo, de mercadorias adquiridas ou recebidas de terceiros para industrialização ou comercialização, que não tenham sido objeto de qualquer processo industrial no estabelecimento.

5.105	6.105	7.105	Venda de produção do estabelecimento que não deva por ele transitar.
			Classificam-se neste código as vendas de produtos industrializados no estabelecimento, armazenados em depósito fechado, armazém geral ou outro sem que haja retorno ao estabelecimento depositante.
5.106	6.106	7.106	Venda de mercadoria adquirida ou recebida de terceiros, que não deva por ele transitar.
			Classificam-se neste código as vendas de mercadorias adquiridas ou recebidas de terceiros para industrialização ou comercialização, armazenadas em depósito fechado, armazém geral ou outro, que não tenham sido objeto de qualquer processo industrial no estabelecimento sem que haja retorno ao estabelecimento depositante. Também serão classificadas neste código as vendas de mercadorias importadas, cuja saída ocorra do recinto alfandegado ou da repartição alfandegária onde se processou o desembaraço aduaneiro, com destino ao estabelecimento do comprador, sem transitar pelo estabelecimento do importador.
	6.107		Venda de produção do estabelecimento, destinada a não contribuinte.
			Classificam-se neste código as vendas de produtos industrializados ou produzidos por estabelecimento de produtor rural, destinadas a não contribuintes. Quaisquer operações de venda destinadas a não contribuintes deverão ser classificadas neste código.
	6.108		Venda de mercadoria adquirida ou recebida de terceiros, destinada a não contribuinte.
			Classificam-se neste código as vendas de mercadorias adquiridas ou recebidas de terceiros para industrialização ou comercialização, que não tenham sido objeto de qualquer processo industrial no estabelecimento, destinadas a não contribuintes. Quaisquer operações de venda destinadas a não contribuintes deverão ser classificadas neste código.
5.109	6.109		Venda de produção do estabelecimento, destinada à Zona Franca de Manaus ou Áreas de Livre Comércio.
			Classificam-se neste código as vendas de produtos industrializados ou produzidos pelo próprio estabelecimento, destinados à Zona Franca de Manaus ou Áreas de Livre Comércio.
5.110	6.110		Venda de mercadoria adquirida ou recebida de terceiros, destinada à Zona Franca de Manaus ou Áreas de Livre Comércio.
			Classificam-se neste código as vendas de mercadorias adquiridas ou recebidas de terceiros, destinadas à Zona Franca de Manaus ou Áreas de Livre Comércio.
5.111	6.111		Venda de produção do estabelecimento remetida anteriormente em consignação industrial.
			Classificam-se neste código as vendas efetivas de produtos industrializados no estabelecimento remetidos anteriormente a título de consignação industrial.

5.112	6.112		Venda de mercadoria adquirida ou recebida de terceiros remetida anteriormente em consignação industrial.
			Classificam-se neste código as vendas efetivas de mercadorias adquiridas ou recebidas de terceiros, que não tenham sido objeto de qualquer processo industrial no estabelecimento, remetidas anteriormente a título de consignação industrial.
5.113	6.113		Venda de produção do estabelecimento remetida anteriormente em consignação mercantil.
			Classificam-se neste código as vendas efetivas de produtos industrializados no estabelecimento remetidos anteriormente a título de consignação mercantil.
5.114	6.114		Venda de mercadoria adquirida ou recebida de terceiros remetida anteriormente em consignação mercantil.
			Classificam-se neste código as vendas efetivas de mercadorias adquiridas ou recebidas de terceiros, que não tenham sido objeto de qualquer processo industrial no estabelecimento, remetidas anteriormente a título de consignação mercantil.
5.115	6.115		Venda de mercadoria adquirida ou recebida de terceiros, recebida anteriormente em consignação mercantil.
			Classificam-se neste código as vendas de mercadorias adquiridas ou recebidas de terceiros, recebidas anteriormente a título de consignação mercantil.
5.116	6.116		Venda de produção do estabelecimento originada de encomenda para entrega futura.
			Classificam-se neste código as vendas de produtos industrializados ou produzidos pelo próprio estabelecimento, quando da saída real do produto, cujo faturamento tenha sido classificado nos códigos 5.922 ou 6.922 "Lançamento efetuado a título de simples faturamento decorrente de venda para entrega futura".
5.117	6.117		Venda de mercadoria adquirida ou recebida de terceiros, originada de encomenda para entrega futura.
			Classificam-se neste código as vendas de mercadorias adquiridas ou recebidas de terceiros, que não tenham sido objeto de qualquer processo industrial no estabelecimento, quando da saída real da mercadoria, cujo faturamento tenha sido classificado nos códigos 5.922 ou 6.922 "Lançamento efetuado a título de simples faturamento decorrente de venda para entrega futura".
5.118	6.118		Venda de produção do estabelecimento entregue ao destinatário por conta e ordem do adquirente originário, em venda à ordem.
			Classificam-se neste código as vendas à ordem de produtos industrializados pelo estabelecimento, entregues ao destinatário por conta e ordem do adquirente originário.

5.119	6.119		Venda de mercadoria adquirida ou recebida de terceiros entregue ao destinatário por conta e ordem do adquirente originário, em venda à ordem.
			Classificam-se neste código as vendas à ordem de mercadorias adquiridas ou recebidas de terceiros, que não tenham sido objeto de qualquer processo industrial no estabelecimento, entregues ao destinatário por conta e ordem do adquirente originário.
5.120	6.120		Venda de mercadoria adquirida ou recebida de terceiros entregue ao destinatário pelo vendedor remetente, em venda à ordem.
			Classificam-se neste código as vendas à ordem de mercadorias adquiridas ou recebidas de terceiros, que não tenham sido objeto de qualquer processo industrial no estabelecimento, entregues pelo vendedor remetente ao destinatário, cuja compra seja classificada, pelo adquirente originário, nos códigos 1.118 ou 2.118 "Compra de mercadoria para comercialização pelo adquirente originário, entregue pelo vendedor remetente ao destinatário, em venda à ordem".
5.122	6.122		Venda de produção do estabelecimento remetida para industrialização, por conta e ordem do adquirente, sem transitar pelo estabelecimento do adquirente.
			Classificam-se neste código as vendas de produtos industrializados no estabelecimento, remetidos para serem industrializados em outro estabelecimento, por conta e ordem do adquirente, sem que os produtos tenham transitado pelo estabelecimento do adquirente.
5.123	6.123		Venda de mercadoria adquirida ou recebida de terceiros remetida para industrialização, por conta e ordem do adquirente, sem transitar pelo estabelecimento do adquirente.
			Classificam-se neste código as vendas de mercadorias adquiridas ou recebidas de terceiros, que não tenham sido objeto de qualquer processo industrial no estabelecimento, remetidas para serem industrializadas em outro estabelecimento, por conta e ordem do adquirente, sem que as mercadorias tenham transitado pelo estabelecimento do adquirente.
5.124	6.124		Industrialização efetuada para outra empresa.
			Classificam-se neste código as saídas de mercadorias industrializadas para terceiros, compreendendo os valores referentes aos serviços prestados e os das mercadorias de propriedade do industrializador empregadas no processo industrial.
5.125	6.125		Industrialização efetuada para outra empresa quando a mercadoria recebida para utilização no processo de industrialização não transitar pelo estabelecimento adquirente da mercadoria.
			Classificam-se neste código as saídas de mercadorias industrializadas para outras empresas, em que as mercadorias recebidas para utilização no processo de industrialização não tenham transitado pelo estabelecimento do adquirente das mercadorias, compreendendo os valores referentes aos serviços prestados e os das mercadorias de propriedade do industrializador empregadas no processo industrial.

		7.127	Venda de produção do estabelecimento sob o regime de "drawback".
			Classificam-se neste código as vendas de produtos industrializados no estabelecimento sob o regime de "drawback", cujas compras foram classificadas no código "3.127 - Compra para industrialização sob o regime de "drawback"".
5.129	6.129		Venda de insumo importado e de mercadoria industrializada sob o amparo do Regime Aduaneiro Especial de Entreposto Industrial sob Controle Informatizado do Sistema Público de Escrituração Digital (RECOF-SPED).
			Classificam-se neste código as vendas de insumos importados e de produtos industrializados pelo próprio estabelecimento sob amparo do Regime Aduaneiro Especial de Entreposto Industrial sob Controle Informatizado do Sistema Público de Escrituração Digital (RECOF-SPED).
		7.129	Venda de produção do estabelecimento ao mercado externo de mercadoria industrializada sob o amparo do Regime Aduaneiro Especial de Entreposto Industrial sob Controle Informatizado do Sistema Público de Escrituração Digital (RECOF-SPED).
			Classificam-se neste código as vendas de produtos industrializados pelo próprio estabelecimento sob amparo do Regime Aduaneiro Especial de Entreposto Industrial sob Controle Informatizado do Sistema Público de Escrituração Digital (RECOF-SPED).
5.131	6.131		Remessa de produção do estabelecimento, com previsão de posterior ajuste ou fixação de preço, de ato cooperativo.
			Classificam-se neste código as saídas de produção de cooperativa, de estabelecimento de cooperado, com previsão de posterior ajuste ou fixação de preço.
5.132	6.132		Fixação de preço de produção do estabelecimento, inclusive quando remetidas anteriormente com previsão de posterior ajuste ou fixação de preço, de ato cooperativo.
			Classificam-se neste código a fixação de preço de produção do estabelecimento do produtor, inclusive quando cuja remessa anterior tenha sido classificada nos códigos 5.131 ou 6.131 "Remessa de produção do estabelecimento, com previsão de posterior ajuste ou fixação de preço, de ato cooperativo".
5.150	**6.150**		**TRANSFERÊNCIAS DE PRODUÇÃO PRÓPRIA OU DE TERCEIROS**
5.151	6.151		Transferência de produção do estabelecimento.
			Classificam-se neste código os produtos industrializados ou produzidos pelo estabelecimento em transferência para outro estabelecimento da mesma empresa.
5.152	6.152		Transferência de mercadoria adquirida ou recebida de terceiros.
			Classificam-se neste código as mercadorias adquiridas ou recebidas de terceiros para industrialização, comercialização ou para utilização na prestação de serviços e que não tenham sido objeto de qualquer processo industrial no estabelecimento, transferidas para outro estabelecimento da mesma empresa.

5.153	6.153		Transferência de energia elétrica.
			Classificam-se neste código as transferências de energia elétrica para outro estabelecimento da mesma empresa, para distribuição.
5.155	6.155		Transferência de produção do estabelecimento, que não deva por ele transitar.
			Classificam-se neste código as transferências para outro estabelecimento da mesma empresa, de produtos industrializados no estabelecimento que tenham sido remetidos para armazém geral, depósito fechado ou outro, sem que haja retorno ao estabelecimento depositante.
5.156	6.156		Transferência de mercadoria adquirida ou recebida de terceiros, que não deva por ele transitar.
			Classificam-se neste código as transferências para outro estabelecimento da mesma empresa, de mercadorias adquiridas ou recebidas de terceiros para industrialização ou comercialização, que não tenham sido objeto de qualquer processo industrial, remetidas para armazém geral, depósito fechado ou outro, sem que haja retorno ao estabelecimento depositante.
5.159	6.159		Fornecimento de produção do estabelecimento de ato cooperativo.
			Classificam-se neste código os fornecimentos de produtos industrializados ou produzidos pelo próprio estabelecimento de cooperativa destinados a seus cooperados ou a estabelecimento de outra cooperativa.
5.160	6.160		Fornecimento de mercadoria adquirida ou recebida de terceiros de ato cooperativo.
			Classificam-se neste código os fornecimentos de mercadorias adquiridas ou recebidas de terceiros, que não tenham sido objeto de qualquer processo industrial no estabelecimento de cooperativa, destinados a seus cooperados ou a estabelecimento de outra cooperativa.
5.200	**6.200**	**7.200**	**DEVOLUÇÕES DE COMPRAS PARA INDUSTRIALIZAÇÃO, PRODUÇÃO RURAL, COMERCIALIZAÇÃO OU ANULAÇÕES DE VALORES**
5.201	6.201		Devolução de compra para industrialização ou produção rural.
			Classificam-se neste código as devoluções de mercadorias adquiridas para serem utilizadas em processo de industrialização ou produção rural, cujas entradas tenham sido classificadas como 1.101 ou 2.101 "Compra para industrialização ou produção rural".
		7.201	Devolução de compra para industrialização ou produção rural.
			Classificam-se neste código as devoluções de mercadorias adquiridas para serem utilizadas em processo de industrialização ou produção rural, cujas entradas tenham sido classificadas como "Compra para industrialização ou produção rural".

5.202	6.202		Devolução de compra para comercialização, ou qualquer devolução de mercadorias efetuada pelo MEI com exceção das classificadas nos códigos 5.503 ou 6.503.
			Classificam-se neste código as devoluções de mercadorias adquiridas para serem comercializadas, cujas entradas tenham sido classificadas como "Compra para comercialização". Também serão classificadas neste código quaisquer devoluções de mercadorias efetuadas pelo MEI com exceção das classificadas nos códigos 5.503 ou 6.503 "Devolução de mercadoria recebida com fim específico de exportação".
		7.202	Devolução de compra para comercialização.
			Classificam-se neste código as devoluções de mercadorias adquiridas para serem comercializadas, cujas entradas tenham sido classificadas como "Compra para comercialização".
5.205	6.205	7.205	Anulação de valor relativo a aquisição de serviço de comunicação.
			Classificam-se neste código as anulações correspondentes a valores faturados indevidamente, decorrentes das aquisições de serviços de comunicação.
5.206	6.206	7.206	Anulação de valor relativo a aquisição de serviço de transporte.
			Classificam-se neste código as anulações correspondentes a valores faturados indevidamente, decorrentes das aquisições de serviços de transporte.
5.207	6.207	7.207	Anulação de valor relativo à compra de energia elétrica.
			Classificam-se neste código as anulações correspondentes a valores faturados indevidamente, decorrentes da compra de energia elétrica.
5.208	6.208		Devolução de mercadoria recebida em transferência para industrialização ou produção rural.
			Classificam-se neste código as devoluções de mercadorias recebidas em transferência de outros estabelecimentos da mesma empresa, para serem utilizadas em processo de industrialização ou produção rural.
5.209	6.209		Devolução de mercadoria recebida em transferência para comercialização.
			Classificam-se neste código as devoluções de mercadorias recebidas em transferência de outro estabelecimento da mesma empresa, para serem comercializadas.
5.210	6.210		Devolução de compra para utilização na prestação de serviço.
			Classificam-se neste código as devoluções de mercadorias adquiridas para utilização na prestação de serviços, cujas entradas tenham sido classificadas nos códigos 1.126 ou 2.126 "Compra para utilização na prestação de serviço sujeita ao ICMS" e 1.128 ou 2.128 "Compra para utilização na prestação de serviço sujeita ao ISSQN".

		7.210	Devolução de compra para utilização na prestação de serviço.
			Classificam-se neste código as devoluções de mercadorias adquiridas para utilização na prestação de serviços, cujas entradas tenham sido classificadas nos códigos "3.126 - Compra para utilização na prestação de serviço sujeita ao ICMS" e "3.128 - Compra para utilização na prestação de serviço sujeita ao ISSQN".
		7.211	Devolução de compras para industrialização sob o regime de drawback.
			Classificam-se neste código as devoluções de mercadorias adquiridas para serem utilizadas em processo de industrialização sob o regime de "drawback" e não utilizadas no referido processo, cujas entradas tenham sido classificadas no código "3.127 - Compra para industrialização sob o regime de "drawback".
		7.212	Devolução de compras para industrialização sob o regime de Regime Aduaneiro Especial de Entreposto Industrial sob Controle Informatizado do Sistema Público de Escrituração Digital (RECOF-SPED).
			Classificam-se neste código as devoluções de mercadorias adquiridas para serem utilizadas em processo de industrialização sob o Regime Aduaneiro Especial de Entreposto Industrial sob Controle Informatizado do Sistema Público de Escrituração Digital (RECOF-SPED) e não utilizadas no referido processo, cujas entradas tenham sido classificadas no código "3.129 - Compra para industrialização sob o Regime Aduaneiro Especial de Entreposto Industrial sob Controle Informatizado do Sistema Público de Escrituração Digital (RECOF-SPED)".
5.213	6.213		Devolução de entrada de mercadoria, com previsão de posterior ajuste ou fixação de preço, em ato cooperativo.
			Classificam-se neste código as devoluções de entradas que tenham sido classificadas nos códigos 1.131 ou 2.131 "Entrada de mercadoria, com previsão de posterior ajuste ou fixação de preço, decorrente de operação de ato cooperativo.
5.214	6.214		Devolução referente à fixação de preço de produção do estabelecimento produtor, inclusive quando remetidas anteriormente com previsão de posterior ajuste ou fixação de preço, de ato cooperativo, para comercialização.
			Classificam-se neste código as devoluções referentes à fixação de preço de mercadorias do estabelecimento produtor cuja entrada para comercialização tenha sido classificada nos códigos 1.132 ou 2.132 "Fixação de preço de produção do estabelecimento produtor, inclusive quando remetidas anteriormente com previsão de posterior ajuste ou fixação de preço, de ato cooperativo, para comercialização".

5.215	6.215		Devolução referente à fixação de preço de produção do estabelecimento produtor, inclusive quando remetidas anteriormente com previsão de posterior ajuste ou fixação de preço, de ato cooperativo, para industrialização.
			Classificam-se neste código as devoluções referentes à fixação de preço de mercadorias do estabelecimento produtor cuja entrada para industrialização tenha sido classificada nos códigos 1.135 ou 2.135 "Fixação de preço de produção do estabelecimento produtor, inclusive quando remetidas anteriormente com previsão de posterior ajuste ou fixação de preço, de ato cooperativo, para industrialização".
5.216	6.216		Devolução de entrada decorrente do fornecimento de produto ou mercadoria de ato cooperativo.
			Classificam-se neste código as devoluções de entradas decorrentes de fornecimento de produtos ou mercadorias por estabelecimento de cooperativa destinados a seus cooperados ou a estabelecimento de outra cooperativa, cujo fornecimento tenha sido classificado nos códigos 1.159 ou 2.159 "Entrada decorrente do fornecimento de produto ou mercadoria de ato cooperativo".
5.250	**6.250**	**7.250**	**VENDAS DE ENERGIA ELÉTRICA**
5.251	6.251		Venda de energia elétrica para distribuição ou comercialização.
			Classificam-se neste código as vendas de energia elétrica destinada à distribuição ou comercialização. Também serão classificadas neste código as vendas de energia elétrica destinada a cooperativas para distribuição aos seus cooperados.
		7.251	Venda de energia elétrica para o exterior.
			Classificam-se neste código as vendas de energia elétrica para o exterior.
5.252	6.252		Venda de energia elétrica para estabelecimento industrial.
			Classificam-se neste código as vendas de energia elétrica para consumo por estabelecimento industrial. Também serão classificadas neste código as vendas de energia elétrica destinada a estabelecimento industrial de cooperativa.
5.253	6.253		Venda de energia elétrica para estabelecimento comercial.
			Classificam-se neste código as vendas de energia elétrica para consumo por estabelecimento comercial. Também serão classificadas neste código as vendas de energia elétrica destinada a estabelecimento comercial de cooperativa.
5.254	6.254		Venda de energia elétrica para estabelecimento prestador de serviço de transporte.
			Classificam-se neste código as vendas de energia elétrica para consumo por estabelecimento de prestador de serviços de transporte.
5.255	6.255		Venda de energia elétrica para estabelecimento prestador de serviço de comunicação.
			Classificam-se neste código as vendas de energia elétrica para consumo por estabelecimento de prestador de serviços de comunicação.

5.256	6.256		Venda de energia elétrica para estabelecimento de produtor rural.
			Classificam-se neste código as vendas de energia elétrica para consumo por estabelecimento de produtor rural.
5.257	6.257		Venda de energia elétrica para consumo por demanda contratada.
			Classificam-se neste código as vendas de energia elétrica para consumo por demanda contratada, que prevalecerá sobre os demais códigos deste subgrupo.
5.258	6.258		Venda de energia elétrica a não contribuinte.
			Classificam-se neste código as vendas de energia elétrica a pessoas físicas ou a pessoas jurídicas não indicadas nos códigos anteriores.
5.300	**6.300**	**7.300**	**PRESTAÇÕES DE SERVIÇOS DE COMUNICAÇÃO**
5.301	6.301	7.301	Prestação de serviço de comunicação para execução de serviço da mesma natureza.
			Classificam-se neste código as prestações de serviços de comunicação destinados às prestações de serviços da mesma natureza.
5.302	6.302		Prestação de serviço de comunicação a estabelecimento industrial.
			Classificam-se neste código as prestações de serviços de comunicação a estabelecimento industrial. Também serão classificados neste código os serviços de comunicação prestados a estabelecimento industrial de cooperativa.
5.303	6.303		Prestação de serviço de comunicação a estabelecimento comercial.
			Classificam-se neste código as prestações de serviços de comunicação a estabelecimento comercial. Também serão classificados neste código os serviços de comunicação prestados a estabelecimento comercial de cooperativa.
5.304	6.304		Prestação de serviço de comunicação a estabelecimento de prestador de serviço de transporte.
			Classificam-se neste código as prestações de serviços de comunicação a estabelecimento prestador de serviço de transporte.
5.305	6.305		Prestação de serviço de comunicação a estabelecimento de geradora ou de distribuidora de energia elétrica.
			Classificam-se neste código as prestações de serviços de comunicação a estabelecimento de geradora ou de distribuidora de energia elétrica.
5.306	6.306		Prestação de serviço de comunicação a estabelecimento de produtor rural.
			Classificam-se neste código as prestações de serviços de comunicação a estabelecimento de produtor rural.
5.307	6.307		Prestação de serviço de comunicação a não contribuinte.
			Classificam-se neste código as prestações de serviços de comunicação a pessoas físicas ou a pessoas jurídicas não indicadas nos códigos anteriores.

5.350	**6.350**	**7.350**	**PRESTAÇÕES DE SERVIÇOS DE TRANSPORTE**
5.351	6.351		Prestação de serviço de transporte para execução de serviço da mesma natureza.
			Classificam-se neste código as prestações de serviços de transporte destinados às prestações de serviços da mesma natureza.
5.352	6.352		Prestação de serviço de transporte a estabelecimento industrial.
			Classificam-se neste código as prestações de serviços de transporte a estabelecimento industrial. Também serão classificados neste código os serviços de transporte prestados a estabelecimento industrial de cooperativa.
5.353	6.353		Prestação de serviço de transporte a estabelecimento comercial
			Classificam-se neste código as prestações de serviços de transporte a estabelecimento comercial. Também serão classificados neste código os serviços de transporte prestados a estabelecimento comercial de cooperativa.
5.354	6.354		Prestação de serviço de transporte a estabelecimento de prestador de serviço de comunicação.
			Classificam-se neste código as prestações de serviços de transporte a estabelecimento prestador de serviços de comunicação.
5.355	6.355		Prestação de serviço de transporte a estabelecimento de geradora ou de distribuidora de energia elétrica.
			Classificam-se neste código as prestações de serviços de transporte a estabelecimento de geradora ou de distribuidora de energia elétrica.
5.356	6.356		Prestação de serviço de transporte a estabelecimento de produtor rural.
			Classificam-se neste código as prestações de serviços de transporte a estabelecimento de produtor rural.
5.357	6.357		Prestação de serviço de transporte a não contribuinte.
			Classificam-se neste código as prestações de serviços de transporte a pessoas físicas ou a pessoas jurídicas não indicadas nos códigos anteriores.
		7.358	Prestação de serviço de transporte.
			Classificam-se neste código as prestações de serviços de transporte destinado a estabelecimento no exterior.
5.359	6.359		Prestação de serviço de transporte a contribuinte ou a não contribuinte quando a mercadoria transportada está dispensada de emissão de nota fiscal.
			Classificam-se neste código as prestações de serviços de transporte a contribuintes ou a não contribuintes, exclusivamente quando não existe a obrigação legal de emissão de nota fiscal para a mercadoria transportada.

5.360	6.360		Prestação de serviço de transporte a contribuinte substituto em relação ao serviço de transporte.
			Classificam-se neste código as prestações de serviços de transporte a contribuinte ao qual tenha sido atribuída a condição de substituto tributário do imposto sobre a prestação dos serviços.
5.400	**6.400**		**SAÍDAS DE MERCADORIAS SUJEITAS AO REGIME DE SUBSTITUIÇÃO TRIBUTÁRIA**
5.401	6.401		Venda de produção do estabelecimento em operação com produto sujeito ao regime de substituição tributária, na condição de contribuinte substituto.
			Classificam-se neste código as vendas de produtos industrializados ou produzidos pelo próprio estabelecimento em operações com produtos sujeitos ao regime de substituição tributária, na condição de contribuinte substituto.
5.402	6.402		Venda de produção do estabelecimento de produto sujeito ao regime de substituição tributária, em operação entre contribuintes substitutos do mesmo produto.
			Classificam-se neste código as vendas de produtos sujeitos ao regime de substituição tributária industrializados no estabelecimento, em operações entre contribuintes substitutos do mesmo produto.
5.403	6.403		Venda de mercadoria adquirida ou recebida de terceiros em operação com mercadoria sujeita ao regime de substituição tributária, na condição de contribuinte substituto.
			Classificam-se neste código as vendas de mercadorias adquiridas ou recebidas de terceiros, na condição de contribuinte substituto, em operação com mercadorias sujeitas ao regime de substituição tributária.
	6.404		Venda de mercadoria sujeita ao regime de substituição tributária, cujo imposto já tenha sido retido anteriormente.
			Classificam-se neste código as vendas de mercadorias sujeitas ao regime de substituição tributária, na condição de substituto tributário, exclusivamente nas hipóteses em que o imposto já tenha sido retido anteriormente.
5.405			Venda de mercadoria adquirida ou recebida de terceiros em operação com mercadoria sujeita ao regime de substituição tributária, na condição de contribuinte substituído.
			Classificam-se neste código as vendas de mercadorias adquiridas ou recebidas de terceiros em operação com mercadorias sujeitas ao regime de substituição tributária, na condição de contribuinte substituído.
5.408	6.408		Transferência de produção do estabelecimento em operação com produto sujeito ao regime de substituição tributária.
			Classificam-se neste código os produtos industrializados ou produzidos no próprio estabelecimento em transferência para outro estabelecimento da mesma empresa de produtos sujeitos ao regime de substituição tributária.

5.409	6.409		Transferência de mercadoria adquirida ou recebida de terceiros em operação com mercadoria sujeita ao regime de substituição tributária.
			Classificam-se neste código as transferências para outro estabelecimento da mesma empresa, de mercadorias adquiridas ou recebidas de terceiros que não tenham sido objeto de qualquer processo industrial no estabelecimento, em operações com mercadorias sujeitas ao regime de substituição tributária.
5.410	6.410		Devolução de compra para industrialização ou produção rural em operação com mercadoria sujeita ao regime de substituição tributária.
			Classificam-se neste código as devoluções de mercadorias adquiridas para serem utilizadas em processo de industrialização ou produção rural cujas entradas tenham sido classificadas como "Compra para industrialização ou produção rural em operação com mercadoria sujeita ao regime de substituição tributária".
5.411	6.411		Devolução de compra para comercialização em operação com mercadoria sujeita ao regime de substituição tributária.
			Classificam-se neste código as devoluções de mercadorias adquiridas para serem comercializadas, cujas entradas tenham sido classificadas como "Compra para comercialização em operação com mercadoria sujeita ao regime de substituição tributária".
5.412	6.412		Devolução de bem do ativo imobilizado, em operação com mercadoria sujeita ao regime de substituição tributária.
			Classificam-se neste código as devoluções de bens adquiridos para integrar o ativo imobilizado do estabelecimento, cuja entrada tenha sido classificada nos códigos 1.406 ou 2.406 "Compra de bem para o ativo imobilizado cuja mercadoria está sujeita ao regime de substituição tributária".
5.413	6.413		Devolução de mercadoria destinada ao uso ou consumo, em operação com mercadoria sujeita ao regime de substituição tributária.
			Classificam-se neste código as devoluções de mercadorias adquiridas para uso ou consumo do estabelecimento, cuja entrada tenha sido classificada nos códigos 1.407 ou 2.407 "Compra de mercadoria para uso ou consumo cuja mercadoria está sujeita ao regime de substituição tributária".
5.414	6.414		Remessa de produção do estabelecimento para venda fora do estabelecimento em operação com produto sujeito ao regime de substituição tributária.
			Classificam-se neste código as remessas de produtos industrializados ou produzidos pelo próprio estabelecimento para serem vendidos fora do estabelecimento, inclusive por meio de veículos, em operações com produtos sujeitos ao regime de substituição tributária.

5.415	6.415		Remessa de mercadoria adquirida ou recebida de terceiros para venda fora do estabelecimento, em operação com mercadoria sujeita ao regime de substituição tributária.
			Classificam-se neste código as remessas de mercadorias adquiridas ou recebidas de terceiros para serem vendidas fora do estabelecimento, inclusive por meio de veículos, em operações com mercadorias sujeitas ao regime de substituição tributária.
5.450	**6.450**		**SISTEMAS DE INTEGRAÇÃO E PARCERIA RURAL**
			Classificam-se, neste grupo, as operações e prestações de integração e parceria rural. Constitui parceria rural o contrato agrário com cessão, por tempo determinado ou não, do uso de imóvel rural, para exercer atividade agrícola, pecuária, agroindustrial, extrativa vegetal ou mista; e ou entrega de animais para cria, recria, invernagem, engorda ou extração de matérias primas de origem animal, mediante partilha de riscos e frutos, produtos ou lucros havidos. Constitui integração vertical ou integração a relação contratual entre produtores integrados e integradores que visa a planejar e a realizar a produção e a industrialização ou comercialização de matéria-prima, bens intermediários ou bens de consumo final.
5.451	6.451		Remessa de animal - Sistema de Integração e Parceria Rural.
			Classificam-se neste código as saídas referentes à remessa de animais para criação, recriação, produção ou engorda em estabelecimento de produtor no sistema integrado e de produção animal, inclusive em sistema de confinamento. Também serão classificadas neste código as remessas decorrentes de "ato cooperativo", inclusive as operações entre cooperativa singular e cooperativa central.
5.452	6.452		Remessa de insumo - Sistema de Integração e Parceria Rural.
			Classificam-se neste código as saídas referentes à remessa de insumos para utilização em estabelecimento de produtor no sistema integrado e de produção animal, para criação, recriação ou engorda, inclusive em sistema de confinamento. Também serão classificadas neste código as remessas decorrentes de "ato cooperativo", inclusive as operações entre cooperativa singular e cooperativa central.
5.453	6.453		Retorno de animal ou da produção - Sistema de Integração e Parceria Rural.
			Classificam-se neste código as saídas referentes ao retorno da produção, bem como dos animais criados ou engordados pelo produtor no sistema integrado e de produção animal, inclusive em sistema de confinamento. Também serão classificados neste código os retornos decorrentes de "ato cooperativo", inclusive as operações entre cooperativa singular e cooperativa central.
5.454	6.454		Retorno simbólico de animal ou da produção - Sistema de Integração e Parceria Rural.
			Classificam-se neste código as saídas referentes ao retorno simbólico da produção, bem como de animais criados ou engordados pelo produtor no sistema integrado e de produção animal, inclusive em sistema de confinamento.

5.455	6.455		Retorno de insumos não utilizados na produção - Sistema de Integração e Parceria Rural.
			Classificam-se neste código as saídas referentes ao retorno de insumos não utilizados em estabelecimento de produtor no sistema integrado e de produção animal, para criação, recriação ou engorda, inclusive em sistema de confinamento e nas operações entre cooperativa singular e cooperativa central.
5.456	6.456		Saída referente a remuneração do produtor - Sistema de Integração e Parceria Rural.
			Classificam-se neste código as saídas da parcela da produção do produtor realizadas em sistema de integração e produção animal, quando da entrega ao integrador ou parceiro. Também serão classificadas neste código as saídas decorrentes de "ato cooperativo", inclusive as operações entre cooperativa singular e cooperativa central.
5.500	**6.500**		**REMESSAS PARA FORMAÇÃO DE LOTE E COM FIM ESPECÍFICO DE EXPORTAÇÃO E EVENTUAIS DEVOLUÇÕES**
5.501	6.501		Remessa de produção do estabelecimento, com fim específico de exportação.
			Classificam-se neste código as saídas de produtos industrializados ou produzidos pelo próprio estabelecimento, remetidos com fim específico de exportação a trading company, empresa comercial exportadora ou outro estabelecimento do remetente.
		7.500	**EXPORTAÇÃO DE MERCADORIAS RECEBIDAS COM FIM ESPECÍFICO DE EXPORTAÇÃO**
		7.501	Exportação de mercadorias recebidas com fim específico de exportação.
			Classificam-se neste código as exportações das mercadorias recebidas anteriormente com finalidade específica de exportação, cujas entradas tenham sido classificadas nos códigos "1.501 - Entrada de mercadoria recebida com fim específico de exportação" ou "2.501 - Entrada de mercadoria recebida com fim específico de exportação".
5.502	6.502		Remessa de mercadoria adquirida ou recebida de terceiros, com fim específico de exportação.
			Classificam-se neste código as saídas de mercadorias adquiridas ou recebidas de terceiros, remetidas com fim específico de exportação a trading company, empresa comercial exportadora ou outro estabelecimento do remetente.
5.503	6.503		Devolução de mercadoria recebida com fim específico de exportação.
			Classificam-se neste código as devoluções efetuadas por trading company, empresa comercial exportadora ou outro estabelecimento do destinatário, de mercadorias recebidas com fim específico de exportação, cujas entradas tenham sido classificadas nos códigos 1.501 ou 2.501 "Entrada de mercadoria recebida com fim específico de exportação".

5.504	6.504		Remessa de mercadorias para formação de lote de exportação, de produtos industrializados ou produzidos pelo próprio estabelecimento.
			Classificam-se neste código as remessas de mercadorias para formação de lote de exportação, de produtos industrializados ou produzidos pelo próprio estabelecimento.
		7.504	Exportação de mercadoria que foi objeto de formação de lote de exportação.
			Classificam-se neste código as exportações das mercadorias cuja operação anterior tenha sido objeto de formação de lote de exportação, e a remessa foi classificada nos códigos 5.504, 5.505, 6.505 ou 6.504 e a posterior devolução simbólica foi classificada nos códigos 1.505, 1.506, 2.505 ou 2.506."
5.505	6.505		Remessa de mercadorias, adquiridas ou recebidas de terceiros, para formação de lote de exportação.
			Classificam-se neste código as remessas de mercadorias, adquiridas ou recebidas de terceiros, para formação de lote de exportação.
5.550	**6.550**	**7.550**	**OPERAÇÕES COM BENS DE ATIVO IMOBILIZADO E MATERIAIS PARA USO OU CONSUMO**
5.551	6.551	7.551	Venda de bem do ativo imobilizado.
			Classificam-se neste código as vendas de bens integrantes do ativo imobilizado do estabelecimento.
5.552	6.552		Transferência de bem do ativo imobilizado.
			Classificam-se neste código os bens do ativo imobilizado transferidos para outro estabelecimento da mesma empresa.
		7.552	Saída de produtos destinados ao uso ou consumo de bordo, em embarcações ou aeronaves exclusivamente em tráfego internacional com destino ao exterior.
			Classificam-se neste código as saídas de produtos destinados ao uso ou consumo de bordo, em embarcações ou aeronaves exclusivamente em tráfego internacional com destino ao exterior, cuja operação tenha sido equiparada a uma exportação.
5.553	6.553		Devolução de compra de bem para o ativo imobilizado.
			Classificam-se neste código as devoluções de bens adquiridos para integrar o ativo imobilizado do estabelecimento, cuja entrada foi classificada nos códigos 1.551 ou 2.551 "Compra de bem para o ativo imobilizado".
		7.553	Devolução de compra de bem para o ativo imobilizado.
			Classificam-se neste código as devoluções de bens adquiridos para integrar o ativo imobilizado do estabelecimento, cuja entrada foi classificada no código "3.551 - Compra de bem para o ativo imobilizado".
5.554	6.554		Remessa de bem do ativo imobilizado para uso fora do estabelecimento.
			Classificam-se neste código as remessas de bens do ativo imobilizado para uso fora do estabelecimento.

5.555	6.555		Devolução de bem do ativo imobilizado de terceiro, recebido para uso no estabelecimento.
			Classificam-se neste código as saídas em devolução, de bens do ativo imobilizado de terceiros, recebidos para uso no estabelecimento, cuja entrada tenha sido classificada no código "1.555 - Entrada de bem do ativo imobilizado de terceiro, remetido para uso no estabelecimento".
5.556	6.556		Devolução de compra de material de uso ou consumo.
			Classificam-se neste código as devoluções de mercadorias destinadas ao uso ou consumo do estabelecimento, cuja entrada tenha sido classificada nos códigos 1.556 ou 2.556 "Compra de material para uso ou consumo".
		7.556	Devolução de compra de material de uso ou consumo.
			Classificam-se neste código as devoluções de mercadorias destinadas ao uso ou consumo do estabelecimento, cuja entrada tenha sido classificada no código "3.556 - Compra de material para uso ou consumo".
5.557	6.557		Transferência de material de uso ou consumo.
			Classificam-se neste código os materiais para uso ou consumo transferidos para outro estabelecimento da mesma empresa.
5.600	**6.600**		**CRÉDITOS E RESSARCIMENTOS DE ICMS**
5.601			Transferência de crédito de ICMS acumulado.
			Classificam-se neste código os lançamentos destinados ao registro da transferência de créditos de ICMS para outras empresas.
5.602			Transferência de saldo credor de ICMS para outro estabelecimento da mesma empresa, destinado à compensação de saldo devedor de ICMS.
			Classificam-se neste código os lançamentos destinados ao registro da transferência de saldos credores de ICMS para outros estabelecimentos da mesma empresa, destinados à compensação do saldo devedor do estabelecimento, inclusive no caso de apuração centralizada do imposto.
5.603	6.603		Ressarcimento de ICMS retido por substituição tributária.
			Classificam-se neste código os lançamentos destinados ao registro de ressarcimento de ICMS retido por substituição tributária a contribuinte substituído, efetuado pelo contribuinte substituto, nas hipóteses previstas na legislação aplicável.
5.605			Transferência de saldo devedor de ICMS de outro estabelecimento da mesma empresa.
			Classificam-se neste código os lançamentos destinados ao registro da transferência de saldo devedor de ICMS para outro estabelecimento da mesma empresa, para efetivação da apuração centralizada do imposto.
5.606			Utilização de saldo credor de ICMS para extinção por compensação de débitos fiscais.
			Classificam-se neste código os lançamentos destinados ao registro de utilização de saldo credor de ICMS em conta gráfica para extinção por compensação de débitos fiscais desvinculados de conta gráfica.

5.650	**6.650**	**7.650**	**SAÍDAS DE COMBUSTÍVEIS, DERIVADOS OU NÃO DE PETRÓLEO E LUBRIFICANTES**
5.651	6.651		Venda de combustíveis ou lubrificantes de produção do estabelecimento destinado à industrialização subsequente.
			Classificam-se neste código as vendas de combustíveis ou lubrificantes industrializados no estabelecimento destinados à industrialização do próprio produto, inclusive aquelas decorrentes de encomenda para entrega futura, cujo faturamento tenha sido classificado nos códigos 5.922 ou 6.922 "Lançamento efetuado a título de simples faturamento decorrente de venda para entrega futura".
		7.651	Venda de combustíveis ou lubrificantes de produção do estabelecimento.
			Classificam-se neste código as vendas de combustíveis ou lubrificantes industrializados no estabelecimento destinados ao exterior.
5.652	6.652		Venda de combustíveis ou lubrificantes de produção do estabelecimento destinado à comercialização.
			Classificam-se neste código as vendas de combustíveis ou lubrificantes industrializados no estabelecimento destinados à comercialização, inclusive aquelas decorrentes de encomenda para entrega futura, cujo faturamento tenha sido classificado nos códigos 5.922 ou 6.922 "Lançamento efetuado a título de simples faturamento decorrente de venda para entrega futura".
5.653	6.653		Venda de combustíveis ou lubrificantes de produção do estabelecimento destinado a consumidor ou usuário final.
			Classificam-se neste código as vendas de combustíveis ou lubrificantes industrializados no estabelecimento destinados a consumo em processo de industrialização de outros produtos, à prestação de serviços ou a usuário final, inclusive aquelas decorrentes de encomenda para entrega futura, cujo faturamento tenha sido classificado nos códigos 5.922 ou 6.922 "Lançamento efetuado a título de simples faturamento decorrente de venda para entrega futura".
5.654	6.654		Venda de combustíveis ou lubrificantes adquiridos ou recebidos de terceiros destinado à industrialização subsequente.
			Classificam-se neste código as vendas de combustíveis ou lubrificantes adquiridos ou recebidos de terceiros destinados à industrialização do próprio produto, inclusive aquelas decorrentes de encomenda para entrega futura, cujo faturamento tenha sido classificado nos códigos 5.922 ou 6.922 "Lançamento efetuado a título de simples faturamento decorrente de venda para entrega futura".
		7.654	Venda de combustíveis ou lubrificantes adquiridos ou recebidos de terceiros.
			Classificam-se neste código as vendas de combustíveis ou lubrificantes adquiridos ou recebidos de terceiros destinados ao exterior.

5.655	6.655		Venda de combustíveis ou lubrificantes adquiridos ou recebidos de terceiros destinado à comercialização.
			Classificam-se neste código as vendas de combustíveis ou lubrificantes adquiridos ou recebidos de terceiros destinados à comercialização, inclusive aquelas decorrentes de encomenda para entrega futura, cujo faturamento tenha sido classificado nos códigos 5.922 ou 6.922 "Lançamento efetuado a título de simples faturamento decorrente de venda para entrega futura".
5.656	6.656		Venda de combustíveis ou lubrificantes adquiridos ou recebidos de terceiros destinado a consumidor ou usuário final.
			Classificam-se neste código as vendas de combustíveis ou lubrificantes adquiridos ou recebidos de terceiros destinados a consumo em processo de industrialização de outros produtos, à prestação de serviços ou a usuário final, inclusive aquelas decorrentes de encomenda para entrega futura, cujo faturamento tenha sido classificado nos códigos 5.922 ou 6.922 "Lançamento efetuado a título de simples faturamento decorrente de venda para entrega futura".
5.657	6.657		Remessa de combustíveis ou lubrificantes adquiridos ou recebidos de terceiros para venda fora do estabelecimento.
			Classificam-se neste código as remessas de combustíveis ou lubrificantes, adquiridos ou recebidos de terceiros para serem vendidos fora do estabelecimento, inclusive por meio de veículos.
5.658	6.658		Transferência de combustíveis ou lubrificantes de produção do estabelecimento.
			Classificam-se neste código as transferências de combustíveis ou lubrificantes, industrializados no estabelecimento, para outro estabelecimento da mesma empresa.
5.659	6.659		Transferência de combustíveis ou lubrificantes adquiridos ou recebidos de terceiro.
			Classificam-se neste código as transferências de combustíveis ou lubrificantes, adquiridos ou recebidos de terceiros, para outro estabelecimento da mesma empresa.
5.660	6.660		Devolução de compra de combustíveis ou lubrificantes adquiridos para industrialização subsequente.
			Classificam-se neste código as devoluções de compras de combustíveis ou lubrificantes adquiridos para industrialização do próprio produto, cujas entradas tenham sido classificadas como "Compra de combustíveis ou lubrificantes para industrialização subsequente".
5.661	6.661		Devolução de compra de combustíveis ou lubrificantes adquiridos para comercialização.
			Classificam-se neste código as devoluções de compras de combustíveis ou lubrificantes adquiridos para comercialização, cujas entradas tenham sido classificadas como "Compra de combustíveis ou lubrificantes para comercialização".

5.662	6.662		Devolução de compra de combustíveis ou lubrificantes adquiridos por consumidor ou usuário final.
			Classificam-se neste código as devoluções de compras de combustíveis ou lubrificantes adquiridos para consumo em processo de industrialização de outros produtos, na prestação de serviços ou por usuário final, cujas entradas tenham sido classificadas como "Compra de combustíveis ou lubrificantes por consumidor ou usuário final".
5.663	6.663		Remessa para armazenagem de combustíveis ou lubrificantes.
			Classificam-se neste código as remessas para armazenagem de combustíveis ou lubrificantes.
5.664	6.664		Retorno de combustíveis ou lubrificantes recebidos para armazenagem.
			Classificam-se neste código as remessas em devolução de combustíveis ou lubrificantes, recebidos para armazenagem.
5.665	6.665		Retorno simbólico de combustíveis ou lubrificantes recebidos para armazenagem.
			Classificam-se neste código os retornos simbólicos de combustíveis ou lubrificantes recebidos para armazenagem, quando as mercadorias armazenadas tenham sido objeto de saída a qualquer título e não devam retornar ao estabelecimento depositante.
5.666	6.666		Remessa por conta e ordem de terceiros de combustíveis ou lubrificantes recebidos para armazenagem.
			Classificam-se neste código as saídas por conta e ordem de terceiros, de combustíveis ou lubrificantes, recebidos anteriormente para armazenagem.
5.667	6.667		Venda de combustíveis ou lubrificantes a consumidor ou usuário final estabelecido em outra unidade da Federação.
			Classificam-se neste código as vendas de combustíveis ou lubrificantes a consumidor ou a usuário final estabelecido em outra unidade da Federação, cujo abastecimento tenha sido efetuado na unidade da Federação do remetente.
		7.667	Venda de combustíveis ou lubrificantes a consumidor ou usuário final.
			Classificam-se neste código as vendas de combustíveis ou lubrificantes a consumidor ou a usuário final, em embarcações ou aeronaves, nacionais ou estrangeiras, exclusivamente em tráfego internacional com destino ao exterior, cuja operação tenha sido equiparada a uma exportação.
5.900	**6.900**	**7.900**	**OUTRAS SAÍDAS DE MERCADORIAS OU PRESTAÇÕES DE SERVIÇOS**
5.901	6.901		Remessa para industrialização por encomenda.
			Classificam-se neste código as remessas de insumos remetidos para industrialização por encomenda, a ser realizada em outra empresa ou em outro estabelecimento da mesma empresa.

5.902	6.902		Retorno de mercadoria utilizada na industrialização por encomenda.
			Classificam-se neste código as remessas, pelo estabelecimento industrializador, dos insumos recebidos para industrialização e incorporados ao produto final, por encomenda de outra empresa ou de outro estabelecimento da mesma empresa. O valor dos insumos nesta operação deverá ser igual ao valor dos insumos recebidos para industrialização.
5.903	6.903		Retorno de mercadoria recebida para industrialização e não aplicada no referido processo.
			Classificam-se neste código as remessas em devolução de insumos recebidos para industrialização e não aplicados no referido processo.
5.904	6.904		Remessa para venda fora do estabelecimento, ou qualquer remessa efetuada pelo MEI com exceção das classificadas nos códigos 5.502 e 5.505 e nos códigos 6.502 e 6.505.
			Classificam-se neste código as remessas de mercadorias para venda fora do estabelecimento, inclusive por meio de veículos. Também serão classificadas neste código quaisquer remessas de mercadorias efetuadas pelo MEI com exceção das classificadas nos códigos 5.502 e 6.502 "Remessa de mercadoria adquirida ou recebida de terceiros, com fim específico de exportação" e nos códigos 5.505 e 6.505 "Remessa de mercadorias, adquiridas ou recebidas de terceiros, para formação de lote de exportação".
5.905			Remessa para depósito fechado, armazém geral ou outro estabelecimento da mesma empresa ou de terceiro. (Redação dada pelo Ajuste SINIEF nº 40/2023)
			Classificam-se neste código as remessas de mercadorias para depósito em depósito fechado, armazém geral ou outro estabelecimento da mesma empresa ou de terceiro.
	6.905		Remessa para depósito fechado ou armazém geral.
			Classificam-se neste código as remessas de mercadorias para depósito em depósito fechado ou armazém geral.
5.906	6.906		Retorno de mercadoria depositada em depósito fechado ou armazém geral.
			Classificam-se neste código os retornos de mercadorias depositadas em depósito fechado ou armazém geral ao estabelecimento depositante.
5.907	6.907		Retorno simbólico de mercadoria depositada em depósito fechado ou armazém geral.
			Classificam-se neste código os retornos simbólicos de mercadorias recebidas para depósito em depósito fechado ou armazém geral, quando as mercadorias depositadas tenham sido objeto de saída a qualquer título e que não devam retornar ao estabelecimento depositante.
5.908	6.908		Remessa de bem por conta de contrato de comodato ou locação.
			Classificam-se neste código as remessas de bens para o cumprimento de contrato de comodato ou locação.
5.909	6.909		Retorno de bem recebido por conta de contrato de comodato ou locação.
			Classificam-se neste código as remessas de bens em devolução após cumprido o contrato de comodato ou locação.
5.910	6.910		Remessa em bonificação, doação ou brinde.
			Classificam-se neste código as remessas de mercadorias a título de bonificação, doação ou brinde.

5.911	6.911		Remessa de amostra grátis.
			Classificam-se neste código as remessas de mercadorias a título de amostra grátis.
5.912	6.912		Remessa de mercadoria ou bem para demonstração, mostruário ou treinamento.
			Classificam-se neste código as remessas de mercadorias ou bens para demonstração, mostruário ou treinamento.
5.913	6.913		Retorno de mercadoria ou bem recebido para demonstração ou mostruário.
			Classificam-se neste código as remessas em devolução de mercadorias ou bens recebidos para demonstração ou mostruário.
5.914	6.914		Remessa de mercadoria ou bem para exposição ou feira.
			Classificam-se neste código as remessas de mercadorias ou bens para exposição ou feira.
5.915	6.915		Remessa de mercadoria ou bem para conserto ou reparo.
			Classificam-se neste código as remessas de mercadorias ou bens para conserto ou reparo.
5.916	6.916		Retorno de mercadoria ou bem recebido para conserto ou reparo.
			Classificam-se neste código as remessas em devolução de mercadorias ou bens recebidos para conserto ou reparo.
5.917	6.917		Remessa de mercadoria em consignação mercantil ou industrial.
			Classificam-se neste código as remessas de mercadorias a título de consignação mercantil ou industrial.
5.918	6.918		Devolução de mercadoria recebida em consignação mercantil ou industrial.
			Classificam-se neste código as devoluções de mercadorias recebidas anteriormente a título de consignação mercantil ou industrial.
5.919	6.919		Devolução simbólica de mercadoria vendida ou utilizada em processo industrial, recebida anteriormente em consignação mercantil ou industrial.
			Classificam-se neste código as devoluções simbólicas de mercadorias vendidas ou utilizadas em processo industrial, que tenham sido recebidas anteriormente a título de consignação mercantil ou industrial.
5.920	6.920		Remessa de embalagens, bombonas, vasilhames, sacarias, pallets, containers ou assemelhados.
			Classificam-se neste código as remessas de embalagens, bombonas, vasilhames, sacarias, pallets, containers ou assemelhados que sirvam para acondicionar mercadorias e produtos.
5.921	6.921		Devolução de embalagens, bombonas, vasilhames, sacarias, pallets, containers ou assemelhados.
			Classificam-se neste código as devoluções de embalagens, bombonas, vasilhames, sacarias, pallets, containers ou assemelhados que sirvam para acondicionar mercadorias e produtos.

5.922	6.922		Lançamento efetuado a título de simples faturamento decorrente de venda para entrega futura.
			Classificam-se neste código os registros efetuados a título de simples faturamento decorrente de venda para entrega futura.
5.923	6.923		Remessa de mercadoria por conta e ordem de terceiros, em venda à ordem ou em operações com armazém geral ou depósito fechado.
			Classificam-se neste código as saídas correspondentes à entrega de mercadorias por conta e ordem de terceiros, em vendas à ordem, cuja venda ao adquirente originário foi classificada nos códigos 5.118 ou 6.118 "Venda de produção do estabelecimento entregue ao destinatário por conta e ordem do adquirente originário, em venda à ordem" ou nos códigos 5.119 ou 6.119 "Venda de mercadoria adquirida ou recebida de terceiros entregue ao destinatário por conta e ordem do adquirente originário, em venda à ordem". Também serão classificadas neste código as remessas, por conta e ordem de terceiros, de mercadorias depositadas ou para depósito em depósito fechado ou armazém geral.
5.924	6.924		Remessa para industrialização por conta e ordem do adquirente da mercadoria, quando esta não transitar pelo estabelecimento do adquirente.
			Classificam-se neste código as saídas de insumos com destino a estabelecimento industrializador, para serem industrializados por conta e ordem do adquirente, nas hipóteses em que os insumos não tenham transitado pelo estabelecimento do adquirente dos mesmos.
5.925	6.925		Retorno de mercadoria recebida para industrialização por conta e ordem do adquirente da mercadoria, quando aquela não transitar pelo estabelecimento do adquirente.
			Classificam-se neste código as remessas, pelo estabelecimento industrializador, dos insumos recebidos, por conta e ordem do adquirente, para industrialização e incorporados ao produto final, nas hipóteses em que os insumos não tenham transitado pelo estabelecimento do adquirente. O valor dos insumos nesta operação deverá ser igual ao valor dos insumos recebidos para industrialização.
5.926			Lançamento efetuado a título de reclassificação de mercadoria decorrente de formação de kit ou de sua desagregação.
			Classificam-se neste código os registros efetuados a título de reclassificação decorrente de formação de kit de mercadorias ou de sua desagregação.
5.927			Lançamento efetuado a título de baixa de estoque decorrente de perda, roubo ou deterioração.
			Classificam-se neste código os registros efetuados a título de baixa de estoque decorrente de perda, roubou ou deterioração das mercadorias.
5.928			Lançamento efetuado a título de baixa de estoque decorrente do encerramento da atividade da empresa.
			Classificam-se neste código os registros efetuados a título de baixa de estoque decorrente do encerramento das atividades da empresa.

5.929	6.929		Lançamento efetuado em decorrência de emissão de documento fiscal relativo a operação ou prestação também registrada em equipamento Emissor de Cupom Fiscal - ECF.
			Classificam-se neste código os registros relativos aos documentos fiscais emitidos em operações ou prestações que também tenham sido registradas em equipamento Emissor de Cupom Fiscal - ECF.
		7.930	Lançamento efetuado a título de devolução de bem cuja entrada tenha ocorrido sob amparo de regime especial aduaneiro de admissão temporária.
			Classificam-se neste código os lançamentos efetuados a título de saída em devolução de bens cuja entrada tenha ocorrido sob amparo de regime especial aduaneiro de admissão temporária.
5.931	6.931		Lançamento efetuado em decorrência da responsabilidade de retenção do imposto por substituição tributária, atribuída ao remetente ou alienante da mercadoria, pelo serviço de transporte realizado por transportador autônomo ou por transportador não inscrito na unidade da Federação onde iniciado o serviço.
			Classificam-se neste código exclusivamente os lançamentos efetuados pelo remetente ou alienante da mercadoria quando lhe for atribuída a responsabilidade pelo recolhimento do imposto devido pelo serviço de transporte realizado por transportador autônomo ou por transportador não inscrito na unidade da Federação onde iniciado o serviço.
5.932	6.932		Prestação de serviço de transporte iniciada em unidade da Federação diversa daquela onde inscrito o prestador.
			Classificam-se neste código as prestações de serviço de transporte que tenham sido iniciadas em unidade da Federação diversa daquela onde o prestador está inscrito como contribuinte.
5.933	6.933		Prestação de serviço tributado pelo ISSQN.
			Classificam-se neste código as prestações de serviços, de competência municipal, desde que informado sem Nota Fiscal modelo 1 ou 1-A.
5.934	6.934		Remessa simbólica de mercadoria depositada em armazém geral ou depósito fechado.
			Classificam-se neste código as remessas simbólicas de mercadorias depositadas em depósito fechado ou armazém geral, efetuadas nas situações em que haja a transmissão de propriedade com a permanência das mercadorias em depósito ou quando a mercadoria tenha sido entregue pelo remetente diretamente a depósito fechado ou armazém geral.
5.949	6.949	7.949	Outra saída de mercadoria ou prestação de serviço não especificado.
			Classificam-se neste código as outras saídas de mercadorias ou prestações de serviços que não tenham sido especificados nos códigos anteriores.

3. Código de Situação Tributária do ICMS

O Código de Situação Tributária do ICMS (CST-ICMS) consta no Anexo I do Convênio SINIEF s/nº, de 1970, e indica a forma de tributação do ICMS.

O CST-ICMS que aparece no DANFE é um código composto por 3 dígitos e formado com a combinação de duas tabelas.

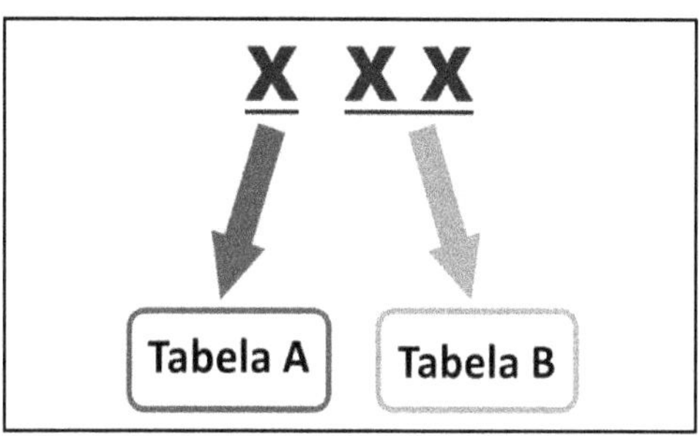

Figura 7: Formação do CST-ICMS.

O primeiro dígito, que é relacionado na Tabela A, indica a origem da mercadoria (se é nacional ou estrangeira). A origem da mercadoria tem reflexo na alíquota do ICMS aplicável na operação interestadual. Na operação interna, a alíquota é definida na legislação de cada Unidade da Federação e não é afetada pela origem do material.

O segundo e o terceiro dígitos indicam a forma de tributação do ICMS na operação (ou prestação, depende do caso) e constam na Tabela B.

Em relação à Tabela B, teremos algumas alterações no texto em 01/12/2023 e em 01/04/2024, que comentaremos no tópico 3.2.

3.1 Tabela A do CST-ICMS

A Tabela A tem 9 códigos que devem ser utilizados de acordo com a análise do "grau de nacionalidade" do material.

É considerado **nacional** todo produto que passa por industrialização no território do país. Assim, até 2012, a Tabela A do CST-ICMS tinha apenas 3 códigos (0, 1 e 2), sendo:

0 = Nacional

1 = Estrangeira - Importação direta

2 = Estrangeira - Adquirida no mercado interno

Inicialmente, não havia a necessidade de identificar se o produto industrializado no país tinha em sua composição mercadoria de origem estrangeira. Entretanto, com a publicação da Resolução do Senado Federal nº 13/2012[20], que instituiu a alíquota de 4% para o ICMS nas operações interestaduais, foi necessário criar novos códigos que permitissem a identificação mais detalhada da origem e da composição das mercadorias, para estabelecer a alíquota do ICMS a ser utilizada.

Por isso, partir de 2013, a Tabela A (que identifica a origem da mercadoria), passou a ser a seguinte:

Tabela A - Origem da Mercadoria ou Serviço

Código	Descrição
0	Nacional, exceto as indicadas nos códigos 3, 4, 5 e 8
1	Estrangeira - Importação direta, exceto a indicada no código 6
2	Estrangeira - Adquirida no mercado interno, exceto a indicada no código 7
3	Nacional, mercadoria ou bem com Conteúdo de Importação superior a 40% (quarenta por cento) e inferior ou igual a 70% (setenta por cento)
4	Nacional, cuja produção tenha sido feita em conformidade com os processos produtivos básicos de que tratam o Decreto-Lei nº 288/67, e as Leis nº 8.248/91, 8.387/91, 10.176/01 e 11.484/07.
5	Nacional, mercadoria ou bem com Conteúdo de Importação inferior ou igual a 40% (quarenta por cento)
6	Estrangeira - Importação direta, sem similar nacional, constante em lista de Resolução CAMEX e gás natural
7	Estrangeira - Adquirida no mercado interno, sem similar nacional, constante em lista de Resolução CAMEX e gás natural
8	Nacional, mercadoria ou bem com Conteúdo de Importação superior a 70% (setenta por cento)

O que significa cada um desses códigos?

O **código 0** (zero) identifica uma mercadoria nacional e produzida com insumos nacionais, ou com um insumo estrangeiro que não tem similar nacional. Essa mercadoria, em uma operação interestadual, será tributada com a alíquota padrão de 7% ou 12%[21], de acordo com as regiões de origem e de destino da operação.

---

[20] A Resolução SF nº 13/2012 estabelece o uso da alíquota de 4% nas operações interestaduais com bens e mercadorias importados do exterior. O texto da Resolução SF 13/2012: https://www.planalto.gov.br/ccivil_03/_ato2011-2014/2012/Congresso/RSF-13-2012.htm

[21] A Resolução SF nº 22/1989 estabelece que a alíquota do ICMS, nas operações interestaduais, será de 12%. Nas saídas das Regiões Sul e Sudeste, destinadas às Regiões Norte, Nordeste e Centro-Oeste e ao Estado do Espírito Santo, a alíquota é de 7%. http://www.planalto.gov.br/ccivil_03/congresso/rsf/rsf%2022-89.htm

A aplicação do código "0" requer o conhecimento prévio sobre a condição de utilização dos códigos 3, 4, 5 e 8. A utilização do "zero" é por exclusão. Apenas deve ser utilizado se a mercadoria não estiver enquadrada nos outros códigos.

A questão é: quando deve ser utilizada a alíquota de 7% e quando deve ser utilizada a alíquota de 12?

A Resolução SF nº 22/1989 estabelece que:

> *"**Art. 1º** A **alíquota** do Imposto sobre Operações Relativas à Circulação de Mercadorias e sobre Prestação de Serviços de Transporte Interestadual e Intermunicipal e de Comunicação, nas operações e prestações interestaduais, **será de doze por cento**.*
>
> *Parágrafo único. Nas operações e prestações **realizadas nas Regiões Sul e Sudeste, destinadas às Regiões Norte, Nordeste e Centro-Oeste e ao Estado do Espírito Santo**, as alíquotas serão:*
> *I - em 1989, oito por cento;*
> *II - **a partir de 1990, sete por cento**.*
> *(...)"*

Assim, a alíquota padrão do ICMS nas operações interestaduais é:

a) Contribuintes localizados nas Regiões Norte, Nordeste, Centro-Oeste e no Estado do Espírito Santo utilizam a alíquota de 12% nas operações e prestações destinadas a qualquer região do país.

b) Contribuintes localizados nas Regiões Sul e Sudeste, exceto no Estado do Espírito, utilizam a alíquota de 12% nas operações e prestações destinadas às Regiões Sul e Sudeste (exceto ES).

c) Contribuintes localizados nas Regiões Sul e Sudeste, exceto no Estado do Espírito, utilizam a alíquota de 7% nas operações e prestações destinadas às Regiões Norte, Nordeste, Centro-Oeste e ao Estado do Espírito Santo.

Há previsão do uso da alíquota de 4% para o cálculo do ICMS na prestação de transporte aéreo interestadual de carga, de acordo com a Resolução do Senado Federal nº 95/1996[22] e, nesse caso, a alíquota é a mesma para todas as regiões.

Vale observar que há decisão do STF na ADI 1600[23] afastando a incidência do ICMS na prestação de serviço de transporte aéreo de passageiros intermunicipal, interestadual e internacional.

---

[22] https://legis.senado.leg.br/norma/564024/publicacao/15758402

[23] https://portal.stf.jus.br/processos/detalhe.asp?incidente=1670841

O **código 1** indica que a mercadoria é estrangeira (não passou por um processo de industrialização em território brasileiro), foi importada diretamente pelo contribuinte que está executando a operação, e tem similar nacional. Nesse caso, a alíquota do ICMS na operação interestadual é de 4% (independentemente da região em que estiverem localizados o remetente e o destinatário).

O **código 2** indica uma mercadoria estrangeira, adquirida no mercado interno e que tem similar nacional. A alíquota do ICMS na operação interestadual é de 4%.

O uso da alíquota de 4% nas operações interestaduais com mercadorias importadas deve ser observar o que estabelece a Resolução SF 13/2012:

> *"**Art. 1º** A alíquota do Imposto sobre Operações Relativas à Circulação de Mercadorias e sobre Prestação de Serviços de Transporte Interestadual e Intermunicipal e de Comunicação (ICMS), **nas operações interestaduais com bens e mercadorias importados do exterior, será de 4% (quatro por cento)**.*
>
> *§ 1º O disposto neste artigo aplica-se aos bens e mercadorias importados do exterior que, após seu desembaraço aduaneiro:*
> *I - **não tenham sido submetidos a processo de industrialização**;*
> *II - ainda que submetidos a qualquer processo de transformação, beneficiamento, montagem, acondicionamento, reacondicionamento, renovação ou recondicionamento, **resultem em mercadorias ou bens com Conteúdo de Importação superior a 40% (quarenta por cento)**.*
>
> *§ 2º O **Conteúdo de Importação** a que se refere o inciso II do § 1º **é o percentual correspondente ao quociente entre o valor da parcela importada do exterior e o valor total da operação de saída interestadual da mercadoria ou bem**.*
>
> *§ 3º O Conselho Nacional de Política Fazendária (Confaz) poderá baixar normas para fins de definição dos critérios e procedimentos a serem observados no processo de Certificação de Conteúdo de Importação (CCI).*
>
> *§ 4º O disposto nos §§ 1º e 2º **não se aplica**:*
>
> *I - aos **bens e mercadorias importados do exterior que não tenham similar nacional**, a serem definidos em lista a ser editada pelo Conselho de Ministros da Câmara de Comércio Exterior (Camex) para os fins desta Resolução;*
>
> *II - aos **bens produzidos em conformidade com os processos produtivos básicos** de que tratam o Decreto-Lei nº 288, de 28 de fevereiro de 1967, e as Leis nºs 8.248, de 23 de outubro de 1991, 8.387, de 30 de dezembro de 1991, 10.176, de 11 de janeiro de 2001, e 11.484, de 31 de maio de 2007.*
>
> ***Art. 2º** O disposto nesta Resolução **não se aplica às operações que destinem gás natural importado do exterior a outros Estados**."*

Os códigos 1 e 2 têm a tributação o ICMS com a alíquota de 4% por se enquadrarem na condição do Art. 1º, § 1º, I, da Resolução SF 13/2012.

O **código 3** indica que a mercadoria foi industrializada no país, mas, com a utilização de insumo estrangeiro, resultando em uma mercadoria com um Conteúdo de Importação superior a 40%.

O **Conteúdo de Importação** indica a participação que a mercadoria estrangeira tem na composição final do produto industrializado. Se o Conteúdo de Importação é superior a 40%, a alíquota do ICMS na operação interestadual será de 4%, conforme dispõe o Art. 1º, § 1º, II, da Resolução SF 13/2012.

Como conhecer o Conteúdo de Importação? Esse é um cálculo feito por quem industrializa a mercadoria na FCI - Ficha de Conteúdo de Importação. E, até que a mercadoria passe por uma nova industrialização, se for o caso, essa informação deve ser repetida nos documentos relativos às operações com esse material.

O **código 4** indica que a mercadoria foi industrializada no país e que participou de um processo de fabricação incentivado, com base em uma das normas citadas no Art. 1º, § 4º, II, da Resolução SF 13/2012 (como a Zona Franca de Manaus, por exemplo). Nesse caso, não é avaliado o uso de insumo estrangeiro e a mercadoria é considerada totalmente nacional. Na saída interestadual a alíquota do ICMS será 7% ou 12%, de acordo com as regiões de origem e de destino da operação.

O **código 5** indica que a mercadoria foi produzida no país, com a utilização de insumo estrangeiro, mas o conteúdo de importação não ultrapassou o limite de 40%. Assim, nas operações interestaduais deverá ser utilizada a alíquota do ICMS de 7% ou de 12%.

Os **códigos 6 e 7** indicam mercadorias importadas e que não têm similar nacional, de acordo com os critérios estabelecidos pela CAMEX, e terão a tributação de mercadorias nacionais. Os materiais em que forem utilizados esses insumos, também, serão considerados nacionais. A alíquota do ICMS nas operações interestaduais será de 7% ou de 12%.

Como identificar as mercadorias que se enquadram nessa condição de "**sem similar nacional**"? Os critérios para esse enquadramento constam na Resolução GECEX nº 326/2022[24] e há uma página com essas informações e a Lista de Bens sem Similar Nacional (Lessin) no site da CAMEX[25].

---

[24] https://www.in.gov.br/web/dou/-/resolucao-gecex-n-326-de-8-de-abril-de-2022-393262909

[25] https://www.gov.br/produtividade-e-comercio-exterior/pt-br/assuntos/camex/estrategia-comercial/lista-de-bens-sem-similar-nacional-para-efeitos-da-resolucao-13-2012-do-senado-federal

O **código 8** indica uma mercadoria que foi produzida no país, com insumo estrangeiro, e com um conteúdo de importação superior a 70%. Na operação interestadual a alíquota do ICMS será de 4%.

Na validação da NF-e[26] é feita a verificação da alíquota do ICMS utilizada na operação, considerando o código da Tabela A do CST-ICMS. E, além de validar a origem da mercadoria (a verificação considera se origem da mercadoria é igual ou difere de 1, 2, 3 ou 8), há a validação da UF de destino. Uma classificação incorreta vai comprometer a tributação da operação, ou provocar a rejeição do arquivo da NF-e por erro.

Um comentário a respeito do uso dos códigos 1, 2, 6 e 7 da Tabela A.

Os códigos 1 e 6 da Tabela A indicam "importação direta". Os códigos 2 e 7 indicam "adquirida no mercado interno". Assim, se um estabelecimento efetuar a importação e transferir a mercadoria para outro estabelecimento do mesmo titular, na saída subsequente deve ser utilizado o código o mesmo código, 1 ou 6, porque a mercadoria não passou por um processo de "aquisição" dentro do país. Essa é a posição da Secretaria da Fazenda de São Paulo em respostas de consulta:

> Resposta à Consulta Tributária 18095/2018, de 14 de Setembro de 2018[27].
>
> *"4. Isso posto, esclarecemos que considera-se como importação direta, para esses fins, a operação de importação realizada por qualquer estabelecimento do mesmo titular. Logo, o estabelecimento matriz da Consulente deve indicar também o CST de origem "1- Estrangeira – Importação direta, exceto a indicada no código 6" nas notas fiscais que acobertarem as saídas das mercadorias em tela (importadas diretamente por sua filial) de seu estabelecimento. O CST de origem "2-Estrangeira – Adquirida no mercado interno, exceto a indicada no código 7" deverá ser utilizado apenas se as mercadorias forem adquiridas de terceiros, tendo sido diretamente importadas por estes."*

3.2 Tabela B do CST-ICMS – Tributação pelo ICMS

A Tabela B apresenta a tributação do ICMS aplicável à operação. É uma informação independente daquela apresentada na Tabela A e não há vinculação com o CFOP utilizado na Nota Fiscal (mas, há empresas que unem essas duas informações).

Como já mencionamos, há alterações previstas na Tabela B para 01/12/2023 e para 01/04/2024. E não haverá uma única Tabela B, contemplando os códigos para uso nas operações praticadas por empresas no regime normal de tributação e no Simples Nacional, como estava previsto na tabela publicada com o Ajuste SINIEF nº 11/2019.

---

[26] Ver páginas 109 e 110 do Anexo I do MOC da NF-e, versão 7.0.

[27] https://legislacao.fazenda.sp.gov.br/Paginas/RC18095_2018.aspx
https://legislacao.fazenda.sp.gov.br/Paginas/RC18007_2018.aspx

Essa "tabela única" foi revogada, antes de entrar em vigor, pelo Ajuste SINIEF nº 34/2023. Há alterações na Tabela B, e com a **manutenção do CSOSN** para as empresas no Simples Nacional, que foram publicadas com o **Ajuste SINIEF nº 39/2023**[28] e que comentaremos a seguir.

3.2.1 Tributação pelo ICMS: efeitos até 31/03/2024.

A tabela abaixo está em vigor até 30/11/2023. O Ajuste SINIEF nº 39/2023 traz alterações na redação da tabela, mas, mantendo os mesmos códigos até 31/03/2024.

Tabela B - Tributação pelo ICMS

Código	Descrição
00	Tributada integralmente
02	**Tributação monofásica própria sobre combustíveis**
10	Tributada e com cobrança do ICMS por substituição tributária
15	**Tributação monofásica própria e com responsabilidade pela retenção sobre combustíveis**
20	Com redução de base de cálculo
30	Isenta ou não tributada e com cobrança do ICMS por substituição tributária
40	Isenta
41	Não tributada
50	Suspensão
51	Diferimento
53	**Tributação monofásica sobre combustíveis com recolhimento diferido**
60	ICMS cobrado anteriormente por substituição tributária
61	**Tributação monofásica sobre combustíveis cobrada anteriormente**
70	Com redução de base de cálculo e cobrança do ICMS por substituição tributária
90	Outras

Os códigos 02, 15, 53 e 61 foram acrescentados à Tabela B pelo Ajuste SINIEF 01/2023[29], com efeitos a partir de 14/02/2023 e com vigência até 31/03/2024.

O **código 00** (zero zero) indica que a operação é tributada integralmente. Ou seja, todo o valor da operação está sendo tributado pelo ICMS. Não há redução de base de cálculo, ou outro benefício fiscal, que diminua o montante a ser tributado ou que afaste a tributação do imposto.

---

[28] https://www.confaz.fazenda.gov.br/legislacao/ajustes/2023/ajuste-sinief-39-23

[29] https://www.confaz.fazenda.gov.br/legislacao/ajustes/2023/AJ001_23

O **código 10** indica que há tributação integral pelo ICMS normal (relativo às operações próprias do emitente da Nota Fiscal) e, ainda, há a incidência do ICMS relativo à substituição tributária, que é o imposto relativo à operação do contribuinte destinatário da mercadoria. No documento fiscal haverá o destaque dos "dois ICMS".

O **código 20** indica que a tributação do ICMS é parcial nessa operação. O valor a ser utilizado como base para o cálculo do imposto é menor que o valor da operação. É a chamada "base de cálculo reduzida". Há disposição na legislação do ICMS estabelecendo um benefício fiscal. Na operação em que é utilizado esse código, é calculado apenas o ICMS relativo à operação do contribuinte emissor da Nota Fiscal. Não há a substituição tributária do ICMS.

O **código 30** indica que a operação tem isenção, ou não há a incidência do ICMS, relativo à operação própria do emissor da Nota Fiscal. Entretanto, há o cálculo do ICMS relativo à substituição tributária da operação do destinatário da mercadoria. Quando esse código é aplicado? Em uma operação com destino a uma área incentivada, como é caso da Zona Franca de Manaus, por exemplo. Há isenção do ICMS na saída do estabelecimento do remetente e há um acordo (protocolo ou convênio) estabelecendo a aplicação da substituição tributária relativa às operações subsequentes que serão praticadas pelo destinatário da mercadoria.

O **código 40** indica que a operação é isenta do ICMS. Há previsão na legislação para a não tributação e deve ser indicado o dispositivo legal correspondente no documento fiscal. Há previsão, para algumas Unidades da Federação, da informação do Código de Benefício Fiscal (Tabela cBenef publicada na página da NF-e) que indica o embasamento para a isenção.

O **código 41** indica que a operação não tem a incidência do ICMS. Também, deve ser informado o dispositivo legal que ampara essa não tributação e pode ser exigido o Código de Benefício Fiscal, dependendo da Unidade da Federação.

O **código 50** indica que há suspensão na tributação do ICMS. O imposto deixará de ser cobrado nessa operação, com base em condições estabelecidas na legislação, e deverá ser indicado o dispositivo legal correspondente no documento fiscal. Vale observar que a suspensão do ICMS é uma condição temporária. Se não forem cumpridas as disposições previstas na legislação, a suspensão é interrompida e o imposto passará a ser devido.

O **código 51** indica que o pagamento do ICMS está diferido na operação. O diferimento é um adiamento. Há previsão na legislação para o recolhimento do imposto em um momento futuro. O diferimento é uma forma de substituição tributária: o imposto relativo à operação será recolhido em um momento futuro por um outro contribuinte. E há Unidades da Federação que aplicam uma forma de diferimento parcial e, nesse caso, deve ser observado o que estabelece a legislação local.

O **código 60** indica que a mercadoria dessa operação já sofreu a substituição tributária do ICMS em uma operação anterior. Assim, essa operação não tem a tributação do ICMS, mas, poderá ter a indicação das informações relativas à base de cálculo e do ICMS que já foi retido, de acordo com o tipo de emissor do documento fiscal e o destinatário da operação. As informações relativas ao ICMS que já foi retido por substituição tributária são apresentadas (ou, deveriam ser) em Notas Fiscais emitidas por atacadistas que vendem para outros comerciantes (de acordo com a legislação do ICMS).

O **código 70** indica que a operação tem a tributação da operação própria, com a base de cálculo do ICMS reduzida, e, ainda, tem o cálculo do ICMS por substituição tributária. Se há redução de base de cálculo, é necessário indicar o dispositivo legal correspondente.

O **código 90** é usado em situações não mencionadas anteriormente. Esse código pode ser utilizado em Notas Fiscais em que não há o cálculo do ICMS por ser um documento vinculado a outro em que há/houve a tributação (exemplo: simples faturamento em venda para entrega futura ou em uma venda em consignação). Ou, também, em operações em que há a tributação, mas, não de forma convencional. Essas situações são indicadas pela Fiscalização do ICMS.

Um exemplo para esse cálculo "não convencional" é o caso de contribuinte que obtém regime especial para suspensão parcial do ICMS devido no desembaraço aduaneiro em São Paulo. No campo "Base de Cálculo do ICMS" da Nota Fiscal de Entrada é informado o valor da base de cálculo do ICMS total e a alíquota integral, mas, no campo de destaque do ICMS é informado apenas o valor do ICMS efetivamente recolhido (não suspenso). O Código de Situação Tributária "90" é utilizado porque não faz a validação do cálculo. Na página da Secretaria da Fazenda de São Paulo há respostas[30] de consulta tributária sobre esse procedimento.

---

[30] Respostas de consulta sobre o procedimento para a emissão da Nota Fiscal de Entrada quando há a suspensão parcial do ICMS devido no desembaraço aduaneiro.
https://legislacao.fazenda.sp.gov.br/Paginas/RC25140_2022.aspx
https://legislacao.fazenda.sp.gov.br/Paginas/RC21146_2020.aspx
https://legislacao.fazenda.sp.gov.br/Paginas/RC17406_2018.aspx

O uso dos códigos 02, 15, 53 e 61 é muito específico. São aplicáveis apenas às operações do segmento de combustíveis e com a tributação monofásica do ICMS.

O **código 02** é utilizado nas operações com incidência da tributação monofásica sobre o imposto das operações próprias.

O **código 15** é utilizado nas operações com incidência da tributação monofásica sobre o imposto das operações próprias e com responsabilidade da retenção da parcela do ICMS devida ao Estado de destino da mercadoria.

O **código 53** é utilizado nas operações com tributação monofásica e com o diferimento da retenção da parcela do imposto devida à UF de destino.

O **código 61** é utilizado nas operações em que a tributação monofásica já ocorreu em operação anterior.

Na página do CONFAZ há um espaço para as informações relativas à tributação monofásica do ICMS nas operações com combustíveis[31]. No documento "NT 2023.01 – Perguntas e Respostas", há exemplos sobre o uso desses códigos.

É importante observar que sempre que não ocorrer a tributação do ICMS o contribuinte deverá verificar a base legal que ampara o benefício. Quanto à exigência do Código de Benefício Fiscal, as Unidades da Federação que exigem essa informação publicam a tabela com os códigos que deverão ser utilizados.

Nota Explicativa do Anexo I – Código de Situação Tributária – CST que consta no Convênio SINIEF s/nº, de 1970:

1. *O código de Situação Tributária é composto de três dígitos na forma ABB, onde o 1º dígito deve indicar a origem da mercadoria ou serviço, com base na Tabela A e os 2º e 3º dígitos a tributação pelo ICMS, com base na Tabela B;*
2. *O conteúdo de importação a que se referem os códigos 3, 5 e 8 da Tabela A é aferido de acordo com normas expedidas pelo Conselho Nacional de Política Fazendária - CONFAZ.*
3. *A lista a que se refere a Resolução do Conselho de Ministros da Câmara de Comércio Exterior - CAMEX -, de que tratam os códigos 6 e 7 da Tabela A, contempla, nos termos da Resolução do Senado Federal nº 13/12, os bens ou mercadorias importados sem similar nacional.*

---

[31] https://www.confaz.fazenda.gov.br/tributacao-monofasica

Acrescido os itens 4 e 5 à Nota Explicativa pelo Ajuste SINIEF 11/19, efeitos a partir de 01.04.24.

4. *Os contribuintes optantes do Simples Nacional classificados no código 2 do Anexo III - Código de Regime Tributário - CRT - devem utilizar os Códigos de Situação Tributária (CST) dos contribuintes não optantes do Simples Nacional.*

5. ***Os Códigos 51 e 52 da Tabela B não se aplicam às operações com origem no Estado de São Paulo.***

Esse texto da Nota Explicativa e o texto da Tabela B já apresentado vão vigorar até 30/11/2023, quando entrará em vigor o texto da Tabela B com a nova redação.

O Ajuste SINIEF nº 39/2023, publicado em 04/10/2023, alterou a Tabela B - Tributação pelo ICMS, do Anexo I - Código de Situação Tributária – CST, do Convênio s/nº, de 1970, com efeitos **a partir de 01/12/2023**, que passa a ter essa redação:

Código	Descrição
00	**Tributada integralmente** Classificam-se neste código as operações e prestações tributadas integralmente.
02	**Tributação monofásica própria sobre combustíveis** Classificam-se neste código as operações e prestações com incidência nos combustíveis de tributação monofásica.
10	**Tributada com ICMS devido por substituição tributária, relativo às operações e prestações subsequentes** Classificam-se neste código as operações e prestações tributadas realizadas por contribuintes a quem tenha sido atribuída a responsabilidade pelo pagamento do imposto devido por substituição tributária em relação às operações e prestações subsequentes.
15	**Tributação monofásica própria e com responsabilidade pela retenção sobre combustíveis** Classificam-se neste código as operações e prestações com combustíveis que tenham tributação monofásica própria e com responsabilidade pela retenção sobre combustíveis
20	**Tributada com redução de base de cálculo** Classificam-se neste código as operações e prestações contempladas com redução de base de cálculo do imposto.
30	**Isenta ou não tributada com ICMS devido por substituição tributária** Classificam-se neste código as operações e prestações isentas ou não tributadas realizadas por contribuintes a quem tenha sido atribuída a responsabilidade pelo pagamento do imposto devido por substituição tributária em relação às operações e prestações antecedentes, concomitantes ou subsequentes.
40	**Isenta** Classificam-se neste código as operações e prestações isentas.

Código	Descrição
41	**Não tributada** Classificam-se neste código as operações e prestações imunes ou não sujeitas à incidência do ICMS.
50	**Suspensão** Classificam-se neste código as operações e prestações realizadas com suspensão do pagamento do imposto.
51	**Diferimento** Classificam-se neste código as operações e prestações nas quais o recolhimento do imposto esteja diferido, total ou parcialmente, para as saídas subsequentes.
53	**Tributação monofásica sobre combustíveis com recolhimento diferido** Classificam-se neste código as operações e prestações com combustíveis nas quais o recolhimento do imposto esteja diferido, total ou parcialmente, para as saídas subsequentes com tributação monofásica.
60	**ICMS cobrado anteriormente por substituição tributária ou por antecipação com encerramento de tributação** Classificam-se neste código as operações e prestações realizadas por contribuintes, enquadrados na condição de substituídos tributários, cujo imposto tenha sido recolhido anteriormente por substituição tributária ou por antecipação com encerramento de tributação.
61	**Tributação monofásica sobre combustíveis cobrada anteriormente** Classificam-se neste código as operações e prestações com combustíveis que possuem tributação monofásica realizadas por contribuinte, enquadrados na condição de substituídos tributários, cujo imposto tenha sido recolhido anteriormente por substituição tributária ou por antecipação com encerramento de tributação.
70	**Tributada com redução de base de cálculo e com ICMS devido por substituição tributária relativo às operações e prestações subsequentes** Classificam-se neste código as operações ou prestações tributadas com redução de base de cálculo realizadas por contribuintes a quem tenha sido atribuída a responsabilidade pelo pagamento do imposto devido por substituição tributária em relação às operações e prestações subsequentes.
90	**Outras** Classificam-se neste código as operações e prestações tributadas e não descritas nos códigos anteriores.

NOTA EXPLICATIVA:

1. O Código de Situação Tributária é composto de três dígitos na forma ABB, onde o 1º dígito deve indicar a origem da mercadoria ou serviço, com base na Tabela A e os 2º e 3º dígitos a tributação pelo ICMS, com base na Tabela B;

2. O conteúdo de importação a que se referem os códigos 3, 5 e 8 da Tabela A é aferido de acordo com normas expedidas pelo Conselho Nacional de Política Fazendária - CONFAZ.

3. A lista a que se refere a Resolução do Conselho de Ministros da Câmara de Comércio Exterior - CAMEX -, de que tratam os códigos 6 e 7 da Tabela A, contempla, nos termos da Resolução do Senado Federal nº 13/12, os bens ou mercadorias importados sem similar nacional.

4. Os contribuintes optantes do Simples Nacional classificados no código 2 do Anexo III - Código de Regime Tributário - CRT - devem utilizar os Códigos de Situação Tributária (CST) dos contribuintes não optantes do Simples Nacional.

5. Os Códigos 51 e 52 da Tabela B não se aplicam às operações com origem no Estado de São Paulo.

6. Os contribuintes optantes do Simples Nacional devem utilizar, nas operações sujeitas ao regime de tributação monofásica, os Códigos 02, 15, 53, 61, quando aplicáveis.

O item 5 das notas explicativas produzirá efeitos a partir de 01/04/2024. Os contribuintes de São Paulo deverão ficar atentos ao que está disposto no item 5 da Nota Explicativa "***5. Os Códigos 51 e 52 da Tabela B não se aplicam às operações com origem no Estado de São Paulo***" para a parametrização do sistema emissor de Nota Fiscal e acompanhar a publicação da legislação do Estado a esse respeito.

Há resposta de consulta da Secretaria da Fazenda de São Paulo nesse sentido (já existia esse texto na Nota Explicativa anterior :

Resposta à Consulta Tributária 26428/2022, de 16 de janeiro de 2023[32]

*"6. Prosseguindo, haverá uma uniformização de terminologia para operações com substituição tributária no Estado de São Paulo, de modo que, em relação à nova redação dada a Tabela B dada pelo Ajuste SINIEF 11/2019, **com efeitos a partir de 01/04/2024, não serão aplicáveis às operações com origem no Estado de São Paulo os códigos 51 (diferimento) e 52 (diferimento com ICMS devido por substituição tributária relativo às operações e prestações subsequentes)**.*

*7. Nessas operações **o contribuinte deverá utilizar um dos 3 códigos a seguir**, conforme a natureza da operação que realizar: (i) **CST 10** (tributada com ICMS devido por substituição tributária, relativo às operações e prestações subsequentes); (ii) **CST 12** (tributada com ICMS devido por substituição tributária relativo às operações e prestações antecedentes) ou (iii) **CST 13** (tributada com ICMS devido por substituição tributária relativo às operações e prestações concomitantes)."*

[32] https://legislacao.fazenda.sp.gov.br/Paginas/RC26428_2022.aspx

3.2.2 Tributação pelo ICMS: efeitos a partir de 01/04/2024.

O Ajuste SINIEF nº 39/2023 acrescenta os seguintes códigos na Tabela B do CST-ICMS, **com efeitos a partir de 01/04/2024**:

Código	Descrição
12	**Tributada com ICMS devido por substituição tributária relativo às operações e prestações antecedentes** Classificam-se neste código as operações e prestações tributadas destinadas a contribuintes a quem tenha sido atribuída a responsabilidade pelo pagamento do imposto devido por substituição tributária em relação às operações e prestações antecedentes.
13	**Tributada com ICMS devido por substituição tributária relativo às operações e prestações concomitantes** Classificam-se neste código as operações e prestações tributadas realizadas por contribuintes a quem tenha sido atribuída a responsabilidade pelo pagamento do imposto devido por substituição tributária em relação às operações e prestações concomitantes.
52	**Diferimento com ICMS devido por substituição tributária relativo às operações e prestações subsequentes** Classificam-se neste código as operações e prestações, com imposto próprio diferido total ou parcialmente, realizadas por contribuintes a quem tenha sido atribuída a responsabilidade pelo pagamento do imposto devido por substituição tributário em relação às operações e prestações subsequentes.
72	**Tributada com redução de base de cálculo e com ICMS devido por substituição tributária relativo às operações e prestações antecedentes** Classificam-se neste código as operações ou prestações tributadas com redução de base de cálculo realizadas por contribuintes a quem tenha sido atribuída a responsabilidade pelo pagamento do imposto devido por substituição tributária em relação às operações e prestações antecedentes.
74	**Tributada com redução de base de cálculo e com ICMS devido por substituição tributária relativo às operações e prestações concomitantes** Classificam-se neste código as operações ou prestações tributadas com redução de base de cálculo realizadas por contribuintes a quem tenha sido atribuída a responsabilidade pelo pagamento do imposto devido por substituição tributária em relação às operações e prestações concomitantes.

Esses códigos constavam na tabela anterior, instituída pelo Ajuste SINIEF nº 11/2019, mas, faziam referência, também, às operações praticadas por empresas do Simples Nacional.

Agora, nessa nova versão, não haverá aplicação às operações dos contribuintes do Simples Nacional (que continuarão a utilizar o CSOSN - Código de Situação da Operação no Simples Nacional para o preenchimento dos dados relativos à Tabela B do CST-ICMS).

3.3 E o CSOSN?

O CSOSN é o Código de Situação da Operação no Simples Nacional e representa os códigos da Tabela B do CST-ICMS que deverão ser utilizados pelas empresas do Simples Nacional. E, nesse caso, a informação no DANFE terá 4 dígitos.

A tabela do CSOSN já indica a situação em que o código deve ser utilizado e foi publicada, incialmente, no Anexo I - Códigos de Detalhamento do Regime e da Situação do Ajuste SINIEF nº 07/2005. Até 30/11/2023, tem a seguinte redação:

TABELA B - Código de Situação da Operação no Simples Nacional - CSOSN

CÓDIGO	DESCRIÇÃO DA SITUAÇÃO
101	**Tributada pelo Simples Nacional com permissão de crédito** Classificam-se neste código as operações que permitem a indicação da alíquota do ICMS devido no Simples Nacional e o valor do crédito correspondente.
102	**Tributada pelo Simples Nacional sem permissão de crédito** Classificam-se neste código as operações que não permitem a indicação da alíquota do ICMS devido pelo Simples Nacional e do valor do crédito, e não estejam abrangidas nas hipóteses dos códigos 103, 203, 300, 400, 500 e 900.
103	**Isenção do ICMS no Simples Nacional para faixa de receita bruta** Classificam-se neste código as operações praticadas por optantes pelo Simples Nacional contemplados com isenção concedida para faixa de receita bruta nos termos da Lei Complementar nº 123, de 2006.
201	**Tributada pelo Simples Nacional com permissão de crédito e com cobrança do ICMS por substituição tributária** Classificam-se neste código as operações que permitem a indicação da alíquota do ICMS devido pelo Simples Nacional e do valor do crédito, e com cobrança do ICMS por substituição tributária.
202	**Tributada pelo Simples Nacional sem permissão de crédito e com cobrança do ICMS por substituição tributária** Classificam-se neste código as operações que não permitem a indicação da alíquota do ICMS devido pelo Simples Nacional e do valor do crédito, e não estejam abrangidas nas hipóteses dos códigos 103, 203, 300, 400, 500 e 900, e com cobrança do ICMS por substituição tributária.
203	**Isenção do ICMS no Simples Nacional para faixa de receita bruta e com cobrança do ICMS por substituição tributária** Classificam-se neste código as operações praticadas por optantes pelo Simples Nacional contemplados com isenção para faixa de receita bruta nos termos da Lei Complementar nº 123, de 2006, e com cobrança do ICMS por substituição tributária.
300	**Imune** Classificam-se neste código as operações praticadas por optantes pelo Simples Nacional contempladas com imunidade do ICMS.
400	**Não tributada pelo Simples Nacional** Classificam-se neste código as operações praticadas por optantes pelo Simples Nacional não sujeitas à tributação pelo ICMS dentro do Simples Nacional.
500	**ICMS cobrado anteriormente por substituição tributária (substituído) ou por antecipação** Classificam-se neste código as operações sujeitas exclusivamente ao regime de substituição tributária na condição de substituído tributário ou no caso de antecipações.
900	**Outros** Classificam-se neste código as demais operações que não se enquadrem nos códigos 101, 102, 103, 201, 202, 203, 300, 400 e 500.

Nota Explicativa do CSOSN:

*O Código de Situação da Operação no Simples Nacional - CSOSN será usado na Nota Fiscal Eletrônica exclusivamente quando o **Código de Regime Tributário - CRT for igual a "1"**, e substituirá os códigos da Tabela B - Tributação pelo ICMS do Anexo Código de Situação Tributária - CST do Convênio SINIEF S/N, de 15 de dezembro de 1970.*

A partir de 01/12/2023, com a publicação do Ajuste SINIEF nº 39/2023, ocorre a inclusão do Art. 5º-B e do Anexo III-A, com a tabela do CSOSN, no Convênio SINIEF s/nº, de 1970:

> *"**Art. 5º-B** O Código de Situação da Operação no Simples Nacional - CSOSN - será utilizado pelo contribuinte optante pelo Simples Nacional de acordo com o Anexo III -A."*

ANEXO III-A - Código de Situação da Operação no Simples Nacional - CSOSN

Código	Descrição
101	**Tributada pelo Simples Nacional com permissão de crédito** Classificam-se neste código as operações que permitem a indicação da alíquota do ICMS devido no Simples Nacional e o valor do crédito correspondente.
102	**Tributada pelo Simples Nacional sem permissão de crédito** Classificam-se neste código as operações que não permitem a indicação da alíquota do ICMS devido pelo Simples Nacional e do valor do crédito, e não estejam abrangidas nas hipóteses dos códigos 103, 203, 300, 400, 500 e 900.
103	**Isenção do ICMS no Simples Nacional para faixa de receita bruta** Classificam-se neste código as operações praticadas por optantes pelo Simples Nacional contemplados com isenção concedida para faixa de receita bruta nos termos da Lei Complementar nº 123, de 2006.
201	**Tributada pelo Simples Nacional com permissão de crédito e com cobrança do ICMS por substituição tributária** Classificam-se neste código as operações que permitem a indicação da alíquota do ICMS devido pelo Simples Nacional e do valor do crédito, e com cobrança do ICMS por substituição tributária.
202	**Tributada pelo Simples Nacional sem permissão de crédito e com cobrança do ICMS por substituição tributária** Classificam-se neste código as operações que não permitem a indicação da alíquota do ICMS devido pelo Simples Nacional e do valor do crédito, e não estejam abrangidas nas hipóteses dos códigos 103, 203, 300, 400, 500 e 900, e com cobrança do ICMS por substituição tributária.
203	**Isenção do ICMS no Simples Nacional para faixa de receita bruta e com cobrança do ICMS por substituição tributária** Classificam-se neste código as operações praticadas por optantes pelo Simples Nacional contemplados com isenção para faixa de receita bruta nos termos da Lei Complementar nº 123, de 2006, e com cobrança do ICMS por substituição tributária.
300	**Imune** Classificam-se neste código as operações praticadas por optantes pelo Simples Nacional contempladas com imunidade do ICMS.
400	**Não tributada pelo Simples Nacional** Classificam-se neste código as operações praticadas por optantes pelo Simples Nacional não sujeitas à tributação pelo ICMS dentro do Simples Nacional.

Código	Descrição
500	**ICMS cobrado anteriormente por substituição tributária (substituído) ou por antecipação** Classificam-se neste código as operações sujeitas exclusivamente ao regime de substituição tributária na condição de substituído tributário ou no caso de antecipações.
900	**Outros** Classificam-se neste código as demais operações que não se enquadrem nos demais códigos desta tabela.

NOTA EXPLICATIVA:

O Código de Situação da Operação no Simples Nacional – CSOSN - será usado na Nota Fiscal Eletrônica exclusivamente quando o Código de Regime Tributário - CRT - for igual a "1" ou "4", e substituirá os códigos da Tabela B - Tributação pelo ICMS do Anexo Código de Situação Tributária - CST."

3.4 Código de Regime Tributário – CRT

Campo "**CRT**" na NF-e.

O Código de Regime Tributário – CRT é um código que identifica o regime em que se encontra a empresa emissora da Nota Fiscal. Esse "regime de tributação" reflete a condição da empresa para efeito de ICMS.

O CRT consta no Anexo III do Convênio SINIEF s/nº, de 1970, conforme dispõe o § 5º da cláusula terceira do Ajuste SINIEF nº 07/2005, que instituiu a NF-e.

Para o ICMS e o IPI, só existem o regime do Simples Nacional e o "resto". Não importa se a empresa está no Lucro Real ou no Lucro Presumido. Ou se está no regime cumulativo ou não cumulativo para o PIS e para a COFINS. Mas, há um "carinho especial" com o Simples Nacional, em decorrência das situações em que pode se encaixar (e que explicaremos a seguir).

O tratamento do ICMS pode ser bastante complexo se não for observado com atenção o sublimite e o que dispõe a legislação.

Convênio SINIEF s/nº, de 1970 - **Anexo III**:

Código de Regime Tributário - CRT

1 - Simples Nacional

2 - Simples Nacional - excesso de sublimite da receita bruta

3 - Regime Normal

4 - Simples Nacional - Microempreendedor Individual – MEI

NOTA EXPLICATIVA:

1. *O código 1 será preenchido pelo contribuinte quando for optante pelo Simples Nacional.*
2. *O código 2 será preenchido pelo contribuinte optante pelo Simples Nacional mas que tiver ultrapassado o sublimite de receita bruta fixado pelo estado ou pelo Distrito Federal e estiver impedido de recolher o ICMS/ISS por esse regime, conforme artigos 19 e 20 da Lei Complementar nº 123/06.*
3. *O código 3 será preenchido pelo contribuinte que não estiver na situação 1, 2 ou 4.*
4. *O código 4 será preenchido pelo contribuinte optante pelo Simples Nacional, enquadrado no Sistema de Recolhimento em Valores Fixos Mensais dos Tributos Abrangidos pelo Simples Nacional – SIMEI.*

Decodificando:

O **código 3** identifica o contribuinte que não está no Simples Nacional. Ou seja, calcula e recolhe o ICMS, o IPI e os demais tributos de forma individualizada, devendo efetuar os cálculos e o destaque das bases de cálculo e das alíquotas de forma padrão no documento fiscal. E está sujeito à validação completa das informações apresentadas. Esse é o contribuinte do regime normal de tributação.

O **código 1** identifica o contribuinte optante pelo Simples Nacional e que **está recolhendo** o ICMS e o ISS pelo Simples Nacional.

Como assim?

O limite da receita bruta anual para uma empresa ser optante pelo regime tributário diferenciado do Simples Nacional é de R$ 4.800.000,00 (quatro milhões e oitocentos mil reais).

Os Estados podem optar pela aplicação de um sublimite para efeito de recolhimento do ICMS no regime do Simples Nacional em seus territórios. Se o contribuinte superar o sublimite da receita bruta anual estabelecido em seu Estado, vai continuar recolhendo os demais tributos pelo Simples Nacional (inclusive o IPI), mas, passa a recolher o ICMS e o ISS (se for o caso) pelo regime normal de tributação.

O sublimite nacional está em R$ 3.600.000,00 (três milhões e seiscentos mil reais) em 2023. Esse valor é aplicável para todos os Estados em que a participação no Produto Interno Bruto seja superior a 1%. Assim, só pode utilizar o CRT 1 a empresa do Simples Nacional com receita bruta anual de até R$ 3.6000.000,00 (se não houver um sublimite menor estabelecido para o seu Estado).

O **código 2** identifica a empresa do Simples Nacional que superou a receita bruta anual de R$ 3.6000.000,00. A empresa continua no Simples Nacional para todos os demais tributos, mas deverá recolher o ICMS (e o ISS) pelo regime normal de tributação, com a emissão da NF-e com as informações completas (base de cálculo, alíquotas normais e o valor do ICMS nos campos próprios).

O **código 4** deve ser utilizado pelo contribuinte do MEI que emitir a NF-e.

O Microempreendedor Individual - MEI é um contribuinte do Simples Nacional, com receita bruta de até R$ 81.000,00 (oitenta e um mil reais), em valor vigente em 2023, que efetua o recolhimento dos impostos e contribuições abrangidos pelo Simples Nacional em valores fixos mensais. O MEI é dispensado do cumprimento da maioria das obrigações acessórias. A emissão de NF-e ocorrerá em situações específicas.

3.5 Código de Benefício Fiscal

Campo "**cBenef**" da NF-e.

O campo para o Código de Benefício Fiscal foi criado com a Nota Técnica 2016.002 para a informação, por item, do mesmo código de benefício fiscal do ICMS adotado na escrituração da EFD-ICMS/IPI. Essa informação possibilita que as Secretarias de Fazenda recebam a descrição dos benefícios fiscais e as informações da tributação do ICMS com mais precisão.

A regra de validação foi implantada com a NT 2019.001, avaliando se foi informado no documento fiscal um CST que exige a informação de código de benefício fiscal, de acordo com a Tabela de Código de Benefício Fiscal estabelecida pela UF.

O Código de Benefício Fiscal tem a mesma função do Código de Enquadramento do IPI no documento fiscal: identificar a base legal para o benefício fiscal existente na operação.

A validação é feita com a verificação da existência do código indicado no campo "cBenef" na tabela publicada pela Unidade da Federação, sem avaliar se é compatível com a operação praticada.

Um exemplo de parte da Tabela de Código de Benefícios Fiscais, publicada pelo Distrito Federal[33] (com colunas ocultas para melhor visualização os dados).

[33] https://ww1.receita.fazenda.df.gov.br/legislacao/visualizar-legislacao?txtNumero=1&txtAno=2021&txtTipo=734&txtParte=.

ANEXO ÚNICO AO ATO DECLARATÓRIO Nº 1/2021 - SEEC/SEAE/SUAPOF/COREN

Cbenef	CST 00	CST 10	CST 20	CST 30	CST 40	CST 41	DT INÍCIO	DESCRIÇÃO	OBSERVAÇÃO
	SIM	SIM						Sem preenchimento do cBenef	
DF810001				SIM		SIM	01/02/2021	Constituição Federal, art. 155, § 2º, inc. X, "d"	Imunidade do ICMS
DF811001				SIM		SIM	01/02/2021	Lei nº 1.254/96, art. 3º, I	Não-incidência do ICMS
DF811002				SIM		SIM	01/02/2021	Lei nº 1.254/96, art. 3º, II	Não-incidência do ICMS
DF811003				SIM		SIM	01/02/2021	Lei nº 1.254/96, art. 3º, III	Não-incidência do ICMS
DF811004				SIM		SIM	01/02/2021	Lei nº 1.254/96, art. 3º, IV	Não-incidência do ICMS
DF811005				SIM		SIM	01/02/2021	Lei nº 1.254/96, art. 3º, V	Não-incidência do ICMS
DF811006				SIM		SIM	01/02/2021	Lei nº 1.254/96, art. 3º, VI	Não-incidência do ICMS
DF811007				SIM		SIM	01/02/2021	Lei nº 1.254/96, art. 3º, VII	Não-incidência do ICMS
DF811008				SIM		SIM	01/02/2021	Lei nº 1.254/96, art. 3º, VIII	Não-incidência do ICMS

Quando o CST-ICMS indica uma tributação diferenciada para o ICMS (ou a não tributação), o contribuinte precisará indicar o código que apresenta a base legal para o benefício. Na coluna "Descrição" consta a base legal na legislação do DF. O contribuinte precisa conhecer qual das normas diz respeito à situação do documento fiscal.

Na validação da NF-e, é verificado se o CST-ICMS exige a indicação do Código de Benefício Fiscal, de acordo com a regra de validação ativada pela Unidade da Federação.

Exemplos de validação efetuada na NF-e, indicada na Nota Técnica 2019.001 v1.53, páginas 15 e16.

Regra de Validação	Aplic.	Msg	Efeito	
Se informado CST e não informado código de benefício fiscal: - Verificar se CST exige código de benefício fiscal (tag: cBenef), conforme tabela de código de benefício fiscal por UF publicada no Portal ~~Nacional da NF-e~~ da Fazenda da respectiva UF. Observação 1: Implementação a critério da UF, por modelo de DF-e e por CST. Observação 2: Para o CST informado, o sistema autorizador apenas verifica se existe qualquer cBenef na tabela publicada no Portal da ~~NF-e~~ Fazenda da respectiva UF, sem verificar a compatibilidade.	Facult.	930	Rej.	Rejeição: CST com ben benefício fiscal [nItem: nn

Figura 8: Validação campo "cBenef" - NT 2019.001 pág. 15

Regra de Validação	Aplic.	Msg	Efeito	
Se informado CST e informado código de benefício fiscal: - Verificar se CST não possui código de benefício fiscal, conforme tabela de código de benefício fiscal por UF publicada no Portal ~~Nacional da NF-e~~ da Fazenda da respectiva UF. Observação 1: Implementação a critério da UF, ~~e~~ por modelo de DF-e e CST. Observação 2: Para o CST informado, o sistema apenas verifica se não existe qualquer cBenef na tabela publicada no Portal da ~~NF-e~~ Fazenda da respectiva UF, sem verificar a compatibilidade.	Facult.	928	Rej.	Rejeição: Informado códig fiscal [nItem: nnn]

Figura 9:Validação campo "cBenef" - NT 2019.001 pág. 16

Na página da NF-e (opção "Diversos") estão disponíveis as tabelas do Distrito Federal, Goiás, Paraná, Rio Grande do Sul e Rio de Janeiro, com a informação que os demais Estados não utilizam a tabela "**cBenef**".

4. Código Especificador da Substituição Tributária - CEST

Campo "**CEST**" na NF-e. Esse é fácil, não é?

O Código Especificador da Substituição Tributária - CEST é utilizado na identificação das mercadorias e bens passíveis de sujeição aos regimes de substituição tributária e de antecipação de recolhimento do ICMS com o encerramento de tributação, relativos às operações subsequentes.

O CEST foi instituído através do Convênio ICMS nº 92/2015, já revogado, e consta nos Anexos I a XXVI do Convênio ICMS nº 142/2018. O CEST uniformizou a identificação das mercadorias incluídas no regime de substituição tributária. Antes da sua criação, cada Unidade da Federação estabelecia a aplicação da substituição tributária sobre a mercadoria que quisesse, causando um grande transtorno aos contribuintes nas operações interestaduais.

O CEST é, segundo as palavras de um Agente Fiscal da Secretaria da Fazenda de São Paulo, "*o NCM dos Estados*". A partir do CEST, é possível que o Estado identifique a aplicação da substituição tributária do ICMS nas operações internas e interestaduais e estabeleça o recolhimento da antecipação do imposto. Muitos Estados já emitem a guia de recolhimento para a antecipação do ICMS (e encaminham ao contribuinte), antes da entrada da mercadoria em seu território, utilizando apenas as informações contidas nos arquivos XML que recebem.

O CEST é um código composto por 7 dígitos.

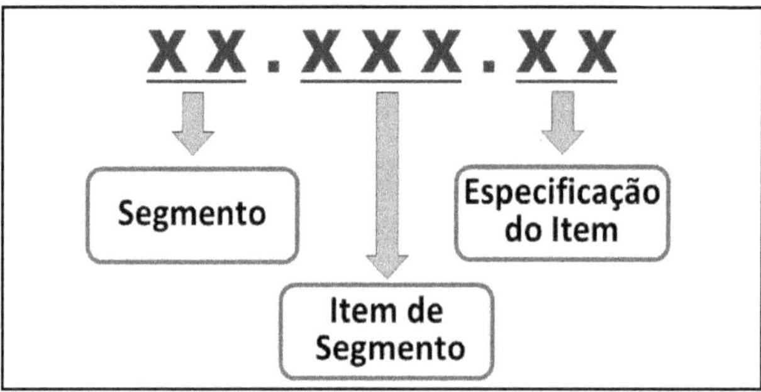

Figura 10: Formação do CEST.

O CEST é composto por 3 "partes": o primeiro e o segundo dígitos correspondem ao segmento da mercadoria ou bem; o terceiro, o quarto e o quinto dígitos correspondem ao item de um segmento de mercadoria ou bem; e o sexto e o sétimo dígitos correspondem à especificação do item.

Segmento é *"o agrupamento de itens de mercadorias e bens com características assemelhadas de conteúdo ou de destinação"* e está relacionado no Anexo I do Convênio ICMS nº 142/2018[34].

No **Item de Segmento** é apresentada *"a identificação da mercadoria, do bem ou do agrupamento de mercadorias ou bens dentro do respectivo segmento"*.

A **Especificação do Item** é *"o desdobramento do item, quando a mercadoria ou bem possuir características diferenciadas que sejam relevantes para determinar o tratamento tributário para fins dos regimes de substituição tributária e de antecipação do recolhimento do imposto"*.

As Unidades da Federação **só poderão instituir a cobrança do ICMS em regimes de substituição tributária** ou por antecipação, relativos às operações subsequentes, com as mercadorias e bens identificados com o CEST nos Anexos II a XXVI do Convênio ICMS nº 142/2018 (Convênio em vigor em 2023).

A legislação interna das Unidades da Federação deve indicar, para todos os itens incluídos no regime de substituição tributária, o CEST, a NCM/SH e a descrição constante nos Anexos II a XXVI do Convênio ICMS nº 142/2018. A mercadoria não relacionada nos anexos não poderá ser incluída no regime da substituição tributária (operação interna ou operação interestadual).

IMPORTANTE

Para a mercadoria ser incluída no regime de substituição tributária do ICMS é necessário que esteja identificada em um dos anexos do CEST, **mas, o fato de uma mercadoria estar relacionado em algum dos anexos (ter um CEST) não a coloca, obrigatoriamente, no regime de substituição tributária**. É necessário que a legislação interna da Unidade da Federação estabeleça a aplicação da substituição tributária para aquela mercadoria.

No caso de operação interestadual, é necessário que exista um acordo (convênio ou protocolo) entre as Unidades da Federação de origem e de destino estabelecendo a aplicação da substituição tributária. Não havendo esse acordo, mesmo que exista substituição tributária na operação interna no Estado de destino, o contribuinte remetente não é obrigado a calcular e recolher o ICMS por substituição tributária. Nesse caso, caberá ao Estado de destino cobrar o ICMS por antecipação.

[34] https://www.confaz.fazenda.gov.br/legislacao/convenios/2018/CV142_18

Anexo I do Convênio ICMS 142/2018: Lista dos Segmentos.

ANEXO I - SEGMENTOS DE MERCADORIAS
(Inciso I da cláusula sexta do Convênio ICMS 142/18)

ITEM	NOME DO SEGMENTO	CÓDIGO DO SEGMENTO
01	Autopeças	01
02	Bebidas alcoólicas, exceto cerveja e chope	02
03	Cervejas, chopes, refrigerantes, águas e outras bebidas	03
04	Cigarros e outros produtos derivados do fumo	04
05	Cimentos	05
06	Combustíveis e lubrificantes	06
07	Energia elétrica	07
08	Ferramentas	08
09	Lâmpadas, reatores e "starter"	09
10	Materiais de construção e congêneres	10
11	Materiais de limpeza	11
12	Materiais elétricos	12
13	Medicamentos de uso humano e outros produtos farmacêuticos para uso humano ou veterinário	13
14	Papéis, plásticos, produtos cerâmicos e vidros	14
15	Pneumáticos, câmaras de ar e protetores de borracha	16
16	Produtos alimentícios	17
17	Produtos de papelaria	19
18	Produtos de perfumaria e de higiene pessoal e cosméticos	20
19	Produtos eletrônicos, eletroeletrônicos e eletrodomésticos	21
20	Rações para animais domésticos	22
21	Sorvetes e preparados para fabricação de sorvetes em máquinas	23
22	Tintas e vernizes	24
23	Veículos automotores	25
24	Veículos de duas e três rodas motorizados	26
25	Venda de mercadorias pelo sistema porta a porta	28

Os códigos estão separados por segmento e informados nos Anexos II a XXVI do Convênio ICMS nº 142/2018.

Exemplos de CEST:

ANEXO II - AUTOPEÇAS

ITEM	CEST	NCM/SH	DESCRIÇÃO
1.0	01.001.00	3815.12.10 3815.12.90	Catalisadores em colmeia cerâmica ou metálica para conversão catalítica de gases de escape de veículos e outros catalisadores
2.0	01.002.00	3917	Tubos e seus acessórios (por exemplo, juntas, cotovelos, flanges, uniões), de plásticos
3.0	01.003.00	3918.10.00	Protetores de caçamba
4.0	01.004.00	3923.30.00	Reservatórios de óleo
5.0	01.005.00	3926.30.00	Frisos, decalques, molduras e acabamentos

ANEXO III - BEBIDAS ALCOÓLICAS, EXCETO CERVEJA E CHOPE

ITEM	CEST	NCM/SH	DESCRIÇÃO
1.0	02.001.00	2205 2208.90.00	Aperitivos, amargos, bitter e similares
2.0	02.002.00	2208.90.00	Batida e similares
3.0	02.003.00	2208.90.00	Bebida ice
4.0	02.004.00	2207.20 2208.40.00	Cachaça e aguardentes
5.0	02.005.00	2205 2206.00.90 2208.90.00	Catuaba e similares
6.0	02.006.00	2208.20.00	Conhaque, brandy e similares
7.0	02.007.00	2206.00.90 2208.90.00	Cooler

ANEXO VI - CIMENTOS

ITEM	CEST	NCM/SH	DESCRIÇÃO
1.0	05.001.00	2523	Cimento

ANEXO XI - MATERIAIS DE CONSTRUÇÃO E CONGÊNERES

ITEM	CEST	NCM/SH	DESCRIÇÃO
1.0	10.001.00	2522	Cal
2.0	10.002.00	3816.00.1 3824.50.00	Argamassas
3.0	10.003.00	3214.90.00	Outras argamassas
4.0	10.004.00	3910.00	Silicones em formas primárias, para uso na construção
5.0	10.005.00	3916	Revestimentos de PVC e outros plásticos; forro, sancas e afins de PVC, para uso na construção
6.0	10.006.00	3917	Tubos, e seus acessórios (por exemplo, juntas, cotovelos, flanges, uniões), de plásticos, para uso na construção
7.0	10.007.00	3918	Revestimento de pavimento de PVC e outros plásticos
8.0	10.008.00	3919	Chapas, folhas, tiras, fitas, películas e outras formas planas, autoadesivas, de plásticos, mesmo em rolos, para uso na construção

O **CEST deve ser indicado na NF-e relativa a todas as operações** com as mercadorias ou bens relacionados nos Anexos II a XXVI do Convênio ICMS nº 142/2018, "***ainda que a operação, mercadoria ou bem não estejam sujeitos aos regimes de substituição tributária ou de antecipação do recolhimento do imposto***".

Decodificando:
A informação do CEST na NF-e é obrigatória para toda a mercadoria que possuir CEST, mesmo que na operação não exista o cálculo do ICMS por substituição tributária.

Base legal? Cláusula vigésima, I, Convênio ICMS nº 142/2018.

Essa informação é importante para a identificação da tributação da mercadoria em operações subsequentes.

A não informação do CEST poderá ser caracterizada como uma omissão de informação no documento fiscal e, no caso de uma fiscalização, caberá ao Agente Fiscal da Secretaria da Fazenda decidir o que fazer.

4.1 Indicador de Produção em Escala Relevante

Campo "**indEscala**" na NF-e.

O Indicador de Escala Relevante foi introduzido na NF-e com a NT 2016.002 e visa atender ao disposto na cláusula vigésima segunda do Convênio ICMS nº 142/2018.

Para que serve esse "Indicador de Escala Relevante"?

Um pouco da história. O Convênio ICMS nº 149/2015, já revogado, dispôs que:

> *"**Cláusula primeira** Os regimes de substituição tributária ou de antecipação do recolhimento do ICMS com encerramento de tributação, relativos às operações subsequentes, **não se aplicam às operações com mercadorias ou bens** relacionados no Anexo Único, **se fabricados em escala industrial não relevante** em cada segmento nos termos do § 8º do art. 13 da Lei Complementar 123/06, de 14 de dezembro de 2006, observadas as condições estabelecidas neste convênio.*
>
> *Parágrafo único. O **disposto no caput estende-se a todas as operações subsequentes à fabricação das mercadorias ou bens em escala não relevante até o consumidor final**."*

Traduzindo: A mercadoria produzida por uma empresa do Simples Nacional, nas condições indicadas no Convênio ICMS 149/2015, mesmo que tenha um CEST e esteja incluída na legislação interna da Unidade da Federação, ou em um protocolo, não ficaria sujeita à aplicação do regime de substituição tributária do ICMS. E essa exceção vale para a saída do contribuinte do Simples Nacional e para as operações subsequentes com a mercadoria.

No Convênio ICMS 142/2018, a disposição sobre a não aplicação da substituição tributária às mercadorias produzidas em escala não relevante está na cláusula nona:

> *"**Cláusula nona** Salvo disposição em contrário, o regime de substituição tributária não se aplica:*
>
> *...*
>
> *V - às operações interestaduais com bens e mercadorias produzidas em **escala industrial não relevante**, nos termos deste convênio."*

O contribuinte do Simples Nacional precisa atender às condições previstas na cláusula vigésima segunda do Convênio ICMS 142/2018:

> *"I - ser optante pelo Simples Nacional;*
> *II - auferir, no exercício anterior, receita bruta igual ou inferior a R$ 180.000,00;*
> *III - possuir estabelecimento único;*
> *IV - ser credenciado pela administração tributária da unidade federada de destino dos bens e mercadorias, quando assim exigido."*

A relação das mercadorias que podem ser enquadradas no conceito de "mercadoria produzida em escala não relevante" consta no Anexo XXVII. E é importante ressaltar que "***não se consideram fabricados em escala industrial não relevante os bens e mercadorias importados do exterior ou que possuam conteúdo de importação superior a 40%*** *(quarenta por cento), nos termos da Resolução do Senado Federal nº 13, de 25 de abril de 2012*" (Convênio ICMS nº 142/2018, Cláusula vigésima segunda, § 2º).

Na NF-e, o campo "indEscala" deve ser preenchido com:

- **S**, se produzido em escala relevante (ou seja, não atende a condição para a não aplicação da substituição tributária do ICMS).
- **N**, se produzido em escala **não** relevante e, nesse caso, **deve ser indicado o CNPJ do produtor** e não haverá a aplicação da substituição tributária na saída do produtor e nem nas operações subsequentes.

Essa informação é obrigatória para os produtos relacionados no Anexo XXVII do Convênio ICMS 142/2018.

No MOC 7.0 da NF-e, de novembro de 2020, ainda está mencionado o Convênio nº ICMS 52/2017 (revogado em 2018).

	0-1		**(Incluído na NT2016.002)**
	1-1	7	Campo CEST (Código Especificador da Substituição Tributária), que estabelece a sistemática de uniformização e identificação das mercadorias e bens passíveis de sujeição aos regimes de substituição tributária e de antecipação de recolhimento do ICMS. (Incluído na NT 2015/003. Atualizado NT2016.002)
	0-1	1	Indicador de Produção em escala relevante, conforme Cláusula 23 do Convenio ICMS 52/2017: S - Produzido em Escala Relevante; N – Produzido em Escala NÃO Relevante. Nota: preenchimento Obrig.atório para produtos com NCM relacionado no Anexo XXVII do Convenio 52/2017 (Incluído na NT2016.002)
	0-1	14	CNPJ do Fabricante da Mercadoria, obrigatório para produto em escala NÃO relevante. (Incluído na NT2016.002)

Figura 11: MOC NF-e - Anexo I, pág. 18.

5. Código de Situação Tributária do IPI

O Código de Situação Tributária do IPI foi publicado no Anexo Único da Instrução Normativa RFB nº 1009/2010[35], com a indicação que deveria ser utilizado na *"na elaboração dos arquivos digitais da Escrituração Fiscal Digital (EFD)"* e *"na geração do conteúdo das Notas Fiscais Eletrônicas (NF-e)"*.

O CST-IPI indica a forma de tributação do IPI na operação e é um código composto por 2 dígitos.

Anexo Único da IN RFB 1009/2010 - Tabela I

Código da Situação Tributária Referente ao Imposto Sobre Produtos Industrializados (CST-IPI):

Código	Descrição
00	Entrada com Recuperação de Crédito
01	Entrada Tributável com Alíquota Zero
02	Entrada Isenta
03	Entrada Não-Tributada
04	Entrada Imune
05	Entrada com Suspensão
49	Outras Entradas
50	Saída Tributada
51	Saída Tributável com Alíquota Zero
52	Saída Isenta
53	Saída Não-Tributada
54	Saída Imune
55	Saída com Suspensão
99	Outras Saídas

Diferentemente do Código de Situação Tributária do ICMS (CST-ICMS) que, em princípio, foi pensado apenas para as operações de saídas, o Código de Situação Tributária do IPI tem a "visão" para entradas e para saídas.

Os códigos do intervalo de "00" a "49" são destinados à indicação da condição de tributação de uma operação de entrada, para utilização na emissão de uma NF-e ou para a escrituração fiscal.

Os códigos do intervalo de "50" a "99" são destinados à indicação da condição de tributação de uma operação de saída.

---

[35] http://normas.receita.fazenda.gov.br/sijut2consulta/link.action?idAto=15974

O **código 00** (zero zero) indica uma entrada com direito ao aproveitamento do crédito do IPI. Esse código é utilizado em uma Nota Fiscal, ou em uma escrituração fiscal, quando há o lançamento do crédito IPI.

O **código 01** indica uma entrada em que o material tem alíquota zero de IPI. O IPI é um instrumento de política econômica e a alíquota pode ser alterada através da publicação de um Decreto. A alíquota do IPI pode ser majorada ou reduzida quando for necessário. Enquanto estiver como "zero" não há o cálculo do IPI e, então, não há crédito a ser feito. Mas, a "alíquota zero" não significa isenção ou outro benefício fiscal. Para efeito de classificação, produto com alíquota zero é tributado.

O **código 02** indica que o material tem isenção do IPI. Nessa situação, no documento fiscal deve constar o dispositivo legal que ampara esse benefício.

Na NF-e, os benefícios fiscais na tributação do IPI deverão ser identificados no Código de Enquadramento Legal do IPI, também.

O **código 03** indica que o material é "não tributado" pelo IPI. Não tributado significa que está indicado "NT' na coluna "Alíquota (%)" da Tabela de Incidência do Imposto sobre Produtos Industrializados (TIPI)[36].

O **código 04** indica que há imunidade do IPI para o material. As situações e as condições para a imunidade do IPI são encontradas a partir do Art. 18 do Regulamento do IPI[37], aprovado pelo Decreto nº 7.212/2010.

O **código 05** indica que há suspensão do IPI na operação. Suspensão do IPI indica que a operação é uma das hipóteses de fato gerador, mas, há uma previsão legal para o não pagamento do imposto nessa operação.

O **código 49** indica que essa operação não é relevante para efeito do IPI. É utilizado, também, quando não há direito ao crédito. Na escrituração da entrada de material destinado ao uso/consumo, por exemplo, mesmo que exista o IPI na NF-e do fornecedor, é utilizado esse código para não aproveitar o valor do imposto.

O **código 50** indica uma saída tributada pelo IPI, com alíquota diferente de zero, com o lançamento do imposto na Nota Fiscal.

---

[36] A Tabela de Incidência do Imposto sobre Produtos Industrializados – TIPI em vigor em 2023 foi aprovada pelo Decreto nº 11.158/2022 e pode ser encontrado nos seguintes endereços:

http://www.planalto.gov.br/ccivil_03/_ato2019-2022/2022/decreto/D11158.htm

https://www.gov.br/receitafederal/pt-br/acesso-a-informacao/legislacao/legislacao-por-assunto/tipi-tabela-de-incidencia-do-imposto-sobre-produtos-industrializados

[37] O Regulamento do IPI pode ser encontrado no seguinte endereço: http://www.planalto.gov.br/ccivil_03/_ato2007-2010/2010/decreto/D7212.htm

O **código 51** indica uma saída que é fato gerado do IPI, mas, a alíquota no momento da emissão do documento é zero. Assim, não há o lançamento do IPI na operação.

O **código 52** indica uma operação beneficiada com a isenção do IPI. Deve ser informado o dispositivo legal na NF-e e o código do enquadramento legal.

O **código 53** indica uma saída com material na condição de não tributado pelo IPI ("NT" na Tabela do IPI).

O **código 54** indica uma saída de um material com imunidade do IPI, conforme previsto no Art. 18 e seguintes do RIPI/2010.

O **código 55** indica uma saída com suspensão do IPI. Também deve ser indicada a base legal na NF-e e o código do enquadramento legal.

O **código 99** indica uma saída que não é fato gerador do IPI. Pode ser uma revenda de mercadoria ou uma saída em devolução para um fornecedor mesmo que seja devolução de matéria prima). Nesse caso, não há dispositivo legal a ser informado.

5.1 Código de Enquadramento do IPI

Campo "**cEnq**" na NF-e.

Desde a implantação da NF-e, o Manual de Orientação do Contribuinte orientava o preenchimento do campo destinado ao Código de Enquadramento do IPI com o valor "999", enquanto não houvesse a divulgação dos valores possíveis para o preenchimento.

A divulgação dos "valores possíveis" para o preenchimento do campo "cEnq" só ocorreu com a publicação na NT 2015.002. E no MOC 7.0, os códigos estão relacionados na Seção 8.9 do documento Visão Geral, na Tabela do Código de Enquadramento do IPI (página 136). Em agosto/2022 foi publicada a Nota Técnica 2020.002[38], v.1.01, com a Tabela do Código de Enquadramento do IPI atualizada.

O Código de Enquadramento do IPI indica a base legal para a situação de exceção na tributação na Nota Fiscal. O contribuinte deve identificar na tabela de códigos disponibilizada qual é o que apresenta o dispositivo legal que foi adotado na operação. E o texto do dispositivo legal deve ser indicado no campo "Informações Complementares" da NF-e.

---

[38] https://www.nfe.fazenda.gov.br/portal/listaConteudo.aspx?tipoConteudo=04BIflQt1aY=

5.1.1 Validação CST-IPI X Código de Enquadramento do IPI

Na validação da NF-e é verificada a compatibilidade entre o CST-IPI e o Código de Enquadramento do IPI indicados no arquivo XML, observando:

a) Para o CST de **Isenção** (CST 02 ou 52), o código no campo "cEnq" deve ser na faixa entre 301 e 399.

b) Para o CST de **Imunidade** (CST 04 ou 54), o código no campo "cEnq" deve ser na faixa entre 001 e 099.

c) Para o CST de **Suspensão** (CST 05 ou 55), o código no campo "cEnq" deve ser na faixa entre 101 e 199.

d) Para o CST que indica a tributação normal e para "**Outros**", o código no **campo "cEnq" continua sendo "999"**.

Exemplos da Tabela do Código de Enquadramento do IPI:

Cód.	Grupo CST	Descrição Enquadramento Legal do IPI
001	Imunidade	Livros, jornais, periódicos e o papel destinado à sua impressão - Art. 18 Inciso I do Decreto 7.212/2010
002	Imunidade	Produtos industrializados destinados ao exterior - Art. 18 Inciso II do Decreto 7.212/2010
003	Imunidade	Ouro, definido em lei como ativo financeiro ou instrumento cambial - Art. 18 Inciso III do Decreto 7.212/2010
004	Imunidade	Energia elétrica, derivados de petróleo, combustíveis e minerais do País - Art. 18 Inciso IV do Decreto 7.212/2010
005	Imunidade	Exportação de produtos nacionais - sem saída do território brasileiro - venda para empresa sediada no exterior -atividades de pesquisa ou lavra de jazidas de petróleo e de gás natural - Art. 19 Inciso I do Decreto 7.212/2010

Cód.	Grupo CST	Descrição Enquadramento Legal do IPI
118	Suspensão	Bebidas alcóolicas e demais produtos de produção nacional acondicionados em recipientes de capacidade superior ao limite máximo permitido para venda a varejo - Art. 44 do Decreto 7.212/2010
119	Suspensão	Produtos classificados NCM 21.06.90.10 Ex 02, 22.01, 22.02, exceto os Ex 01 e Ex 02 do Código 22.02.90.00 e 22.03 saídos de estabelecimento industrial destinado a comercial equiparado a industrial - Art. 45 Inciso I do Decreto7.212/2010
120	Suspensão	Produtos classificados NCM 21.06.90.10 Ex 02, 22.01, 22.02, exceto os Ex 01 e Ex 02 do Código 22.02.90.00 e 22.03 saídos de estabelecimento comercial equiparado a industrial destinado aequiparado a industrial - Art. 45 Inciso II do Decreto7.212/2010
121	Suspensão	Produtos classificados NCM 21.06.90.10 Ex 02, 22.01, 22.02, exceto os Ex 01 e Ex 02 do Código 22.02.90.00 e 22.03 saídos de importador destinado a equiparado a industrial - Art. 45 Inciso III do Decreto7.212/2010

Cód.	Grupo CST	Descrição Enquadramento Legal do IPI
305	Isenção	Pés isolados de calçados - Art. 54 Inciso V do Decreto 7.212/2010
306	Isenção	Aeronaves de uso militar e suas partes e peças, vendidas à União - Art. 54 Inciso VI do Decreto 7.212/2010
307	Isenção	Caixões funerários - Art. 54 Inciso VII do Decreto 7.212/2010
308	Isenção	Papel destinado à impressão de músicas - Art. 54 Inciso VIII do Decreto 7.212/2010

5.1.2 Tabela Código de Enquadramento do IPI

Origem: Nota Técnica 2020.002 - Imposto sobre Produtos Industrializados (IPI) Versão 1.01 - Agosto 2022 - páginas 7 a 12

Tabela do Código de Enquadramento do IPI

Cód.	Grupo CST	Descrição Enquadramento Legal do IPI
001	Imunidade	Livros, jornais, periódicos e o papel destinado à sua impressão - Art. 18 Inciso I do Decreto 7.212/2010
002	Imunidade	Produtos industrializados destinados ao exterior - Art. 18 Inciso II do Decreto 7.212/2010
003	Imunidade	Ouro, definido em lei como ativo financeiro ou instrumento cambial - Art. 18 Inciso III do Decreto 7.212/2010
004	Imunidade	Energia elétrica, derivados de petróleo, combustíveis e minerais do País - Art. 18 Inciso IV do Decreto 7.212/2010
005	Imunidade	Exportação de produtos nacionais - sem saída do território brasileiro - venda para empresa sediada no exterior -atividades de pesquisa ou lavra de jazidas de petróleo e de gás natural - Art. 19 Inciso I do Decreto 7.212/2010
006	Imunidade	Exportação de produtos nacionais - sem saída do território brasileiro - venda para empresa sediada no exterior - incorporados a produto final exportado para o Brasil - Art. 19 Inciso II do Decreto 7.212/2010
007	Imunidade	Exportação de produtos nacionais - sem saída do território brasileiro - venda para órgão ou entidade de governo estrangeiro ou organismo internacional de que o Brasil seja membro, para ser entregue, no País, à ordem do comprador - Art. 19 Inciso III do Decreto 7.212/2010
101	Suspensão	Óleo de menta em bruto, produzido por lavradores - Art. 43 Inciso I do Decreto 7.212/2010
102	Suspensão	Produtos remetidos à exposição em feiras de amostras e promoções semelhantes - Art. 43 Inciso II do Decreto 7.212/2010
103	Suspensão	Produtos remetidos a depósitos fechados ou armazéns-gerais, bem assim aqueles devolvidos ao remetente - Art. 43 Inciso III do Decreto 7.212/2010
104	Suspensão	Produtos industrializados, que com matérias-primas (MP), produtos intermediários (PI) e material de embalagem (ME) importados submetidos a regime aduaneiro especial (drawback - suspensão/isenção), remetidos diretamente a empresas industriais exportadoras - Art. 43 Inciso IV do Decreto 7.212/2010
105	Suspensão	Produtos, destinados à exportação, que saiam do estabelecimento industrial para empresas comerciais exportadoras, com o fim específico de exportação - Art. 43, Inciso V, alínea "a" do Decreto 7.212/2010

Cód.	Grupo CST	Descrição Enquadramento Legal do IPI
106	Suspensão	Produtos, destinados à exportação, que saiam do estabelecimento industrial para recintos alfandegados onde se processe o despacho aduaneiro de exportação - Art. 43, Inciso V, alíneas "b" do Decreto 7.212/2010
107	Suspensão	Produtos, destinados à exportação, que saiam do estabelecimento industrial para outros locais onde se processe o despacho aduaneiro de exportação - Art. 43, Inciso V, alíneas "c" do Decreto 7.212/2010
108	Suspensão	Matérias-primas (MP), produtos intermediários (PI) e material de embalagem (ME) destinados ao executor de industrialização por encomenda - Art. 43 Inciso VI do Decreto 7.212/2010
109	Suspensão	Produtos industrializados por encomenda remetidos ao estabelecimento de origem - Art. 43 Inciso VII do Decreto 7.212/2010
110	Suspensão	Matérias-primas ou produtos intermediários remetidos para emprego em operação industrial realizada pelo remetente fora do estabelecimento - Art. 43 Inciso VIII do Decreto 7.212/2010
111	Suspensão	Veículo, aeronave ou embarcação destinados a emprego em provas de engenharia pelo fabricante - Art. 43 Inciso IX do Decreto 7.212/2010
112	Suspensão	Produtos remetidos, para industrialização ou comércio, de um para outro estabelecimento da mesma firma - Art. 43 Inciso X do Decreto 7.212/2010
113	Suspensão	Bens do ativo permanente remetidos a outro estabelecimento da mesma firma, para serem utilizados no processo industrial do recebedor - Art. 43 Inciso XI do Decreto 7.212/2010
114	Suspensão	Bens do ativo permanente remetidos a outro estabelecimento, para serem utilizados no processo industrial de produtos encomendados pelo remetente - Art. 43 Inciso XII do Decreto 7.212/2010
115	Suspensão	Partes e peças destinadas ao reparo de produtos com defeito de fabricação, quando a operação for executada gratuitamente, em virtude de garantia - Art. 43 Inciso XIII do Decreto 7.212/2010
116	Suspensão	Matérias-primas (MP), produtos intermediários (PI) e material de embalagem (ME) de fabricação nacional, vendidos a estabelecimento industrial, para industrialização de produtos destinados à exportação ou a estabelecimento comercial, para industrialização em outro estabelecimento da mesma firma ou de terceiro, de produto destinado à exportação -Art. 43 Inciso XIV do Decreto 7.212/2010
117	Suspensão	Produtos para emprego ou consumo na industrialização ou elaboração de produto a ser exportado, adquiridos no mercado interno ou importados - Art. 43 Inciso XV do Decreto 7.212/2010

Cód.	Grupo CST	Descrição Enquadramento Legal do IPI
118	Suspensão	Bebidas alcóolicas e demais produtos de produção nacional acondicionados em recipientes de capacidade superior ao limite máximo permitido para venda a varejo - Art. 44 do Decreto 7.212/2010
119	Suspensão	Produtos classificados NCM 21.06.90.10 Ex 02, 22.01, 22.02, exceto os Ex 01 e Ex 02 do Código 22.02.90.00 e 22.03 saídos de estabelecimento industrial destinado a comercial equiparado a industrial - Art. 45 Inciso I do Decreto7.212/2010
120	Suspensão	Produtos classificados NCM 21.06.90.10 Ex 02, 22.01, 22.02, exceto os Ex 01 e Ex 02 do Código 22.02.90.00 e 22.03 saídos de estabelecimento comercial equiparado a industrial destinado a equiparado a industrial - Art. 45 Inciso II do Decreto7.212/2010
121	Suspensão	Produtos classificados NCM 21.06.90.10 Ex 02, 22.01, 22.02, exceto os Ex 01 e Ex 02 do Código 22.02.90.00 e 22.03 saídos de importador destinado a equiparado a industrial - Art. 45 Inciso III do Decreto7.212/2010
122	Suspensão	Matérias-primas (MP), produtos intermediários (PI) e material de embalagem (ME) destinados a estabelecimento que se dedique à elaboração de produtos classificados nos códigos previstos no art. 25 da Lei 10.684/2003 - Art. 46 Inciso I do Decreto 7.212/2010
123	Suspensão	Matérias-primas (MP), produtos intermediários (PI) e material de embalagem (ME) adquiridos por estabelecimentos industriais fabricantes de partes e peças destinadas a estabelecimento industrial fabricante de produto classificado no Capítulo 88 da Tipi - Art. 46 Inciso II do Decreto 7.212/2010
124	Suspensão	Matérias-primas (MP), produtos intermediários (PI) e material de embalagem (ME) adquiridos por pessoas jurídicas preponderantemente exportadoras - Art. 46 Inciso III do Decreto 7.212/2010
125	Suspensão	Materiais e equipamentos destinados a embarcações pré-registradas ou registradas no Registro Especial Brasileira - REB quando adquiridos por estaleiros navais brasileiros - Art. 46 Inciso IV do Decreto 7.212/2010
126	Suspensão	Aquisição por beneficiário de regime aduaneiro suspensivo do imposto, destinado a industrialização para exportação - Art. 47 do Decreto 7.212/2010
127	Suspensão	Desembaraço de produtos de procedência estrangeira importados por lojas francas - Art. 48 Inciso I do Decreto 7.212/2010
128	Suspensão	Desembaraço de máquinas, equipamentos, veículos, aparelhos e instrumentos sem similar nacional importados por empresas nacionais de engenharia, destinados à execução de obras no exterior - Art. 48 Inciso II do Decreto 7.212/2010

Cód.	Grupo CST	Descrição Enquadramento Legal do IPI
129	Suspensão	Desembaraço de produtos de procedência estrangeira com saída de repartições aduaneiras com suspensão do Imposto de Importação - Art. 48 Inciso III do Decreto 7.212/2010
130	Suspensão	Desembaraço de matérias-primas, produtos intermediários e materiais de embalagem, importados diretamente por estabelecimento de que tratam os incisos I a III do caput do Decreto 7.212/2010 - Art. 48 Inciso IV do Decreto 7.212/2010
131	Suspensão	Remessa de produtos para a ZFM destinados ao seu consumo interno, utilização ou industrialização - Art. 84 do Decreto 7.212/2010
132	Suspensão	Remessa de produtos para a ZFM destinados à exportação - Art. 85 Inciso I do Decreto 7.212/2010
133	Suspensão	Produtos que, antes de sua remessa à ZFM, forem enviados pelo seu fabricante a outro estabelecimento, para industrialização adicional, por conta e ordem do destinatário - Art. 85 Inciso II do Decreto 7.212/2010
134	Suspensão	Desembaraço de produtos de procedência estrangeira importados pela ZFM quando ali consumidos ou utilizados, exceto armas, munições, fumo, bebidas alcoólicas e automóveis de passageiros. - Art. 86 do Decreto 7.212/2010
135	Suspensão	Remessa de produtos para a Amazônia Ocidental destinados ao seu consumo interno ou utilização - Art. 96 do Decreto 7.212/2010
136	Suspensão	Entrada de produtos estrangeiros na Área de Livre Comércio de Tabatinga - ALCT destinados ao seu consumo interno ou utilização - Art. 106 do Decreto 7.212/2010
137	Suspensão	Entrada de produtos estrangeiros na Área de Livre Comércio de Guajará-Mirim - ALCGM destinados ao seu consumo interno ou utilização - Art. 109 do Decreto 7.212/2010
138	Suspensão	Entrada de produtos estrangeiros nas Áreas de Livre Comércio de Boa Vista - ALCBV e Bomfim - ALCB destinados a seu consumo interno ou utilização - Art. 112 do Decreto 7.212/2010
139	Suspensão	Entrada de produtos estrangeiros na Área de Livre Comércio de Macapá e Santana -ALCMS destinados a seu consumo interno ou utilização - Art. 116 do Decreto 7.212/2010
140	Suspensão	Entrada de produtos estrangeiros nas Áreas de Livre Comércio de Brasiléia - ALCB e de Cruzeiro do Sul - ALCCS destinados a seu consumo interno ou utilização - Art. 119 do Decreto 7.212/2010
141	Suspensão	Remessa para Zona de Processamento de Exportação - ZPE - Art. 121 do Decreto 7.212/2010
142	Suspensão	Setor Automotivo - Desembaraço aduaneiro, chassis e outros - regime aduaneiro especial - industrialização 87.01 a 87.05 - Art. 136, I do Decreto 7.212/2010

Cód.	Grupo CST	Descrição Enquadramento Legal do IPI
143	Suspensão	Setor Automotivo - Do estabelecimento industrial produtos 87.01 a 87.05 da TIPI - mercado interno - empresa comercial atacadista controlada por PJ encomendante do exterior. - Art. 136, II do Decreto 7.212/2010
144	Suspensão	Setor Automotivo - Do estabelecimento industrial - chassis e outros classificados nas posições 84.29, 84.32, 84.33, 87.01 a 87.06 e 87.11 da TIPI. - Art. 136, III do Decreto 7.212/2010
145	Suspensão	Setor Automotivo - Desembaraço aduaneiro, chassis e outros classificados nas posições 84.29, 84.32, 84.33, 87.01 a 87.06 e 87.11 da TIPI quando importados diretamente por estabelecimento industrial - Art. 136, IV do Decreto 7.212/2010
146	Suspensão	Setor Automotivo - do estabelecimento industrial matérias-primas, os produtos intermediários e os materiais de embalagem, adquiridos por fabricantes, preponderantemente, de componentes, chassis e outros classificados nos Códigos 84.29, 8432.40.00, 8432.80.00, 8433.20, 8433.30.00, 8433.40.00, 8433.5 e 87.01 a 87.06 da TIPI- Art. 136, V do Decreto 7.212/2010
147	Suspensão	Setor Automotivo -Desembaraço aduaneiro, as matérias-primas, os produtos intermediários e os materiais de embalagem, importados diretamente por fabricantes, preponderantemente, de componentes, chassis e outros classificados nos Códigos 84.29, 8432.40.00, 8432.80.00, 8433.20, 8433.30.00, 8433.40.00, 8433.5 e 87.01 a 87.06 da TIPI -Art. 136, VI do Decreto 7.212/2010
148	Suspensão	Bens de Informática e Automação- matérias-primas, os produtos intermediários e os materiais de embalagem, quando adquiridos por estabelecimentos industriais fabricantes dos referidos bens. - Art. 148 do Decreto 7.212/2010
149	Suspensão	Reporto - Saída de Estabelecimento de máquinas e outros quando adquiridos por beneficiários do REPORTO - Art. 166, I do Decreto 7.212/2010
150	Suspensão	Reporto - Desembaraço aduaneiro de máquinas e outros quando adquiridos por beneficiários do REPORTO - Art. 166, II do Decreto 7.212/2010
151	Suspensão	Repes - Desembaraço aduaneiro - bens sem similar nacional importados por beneficiários do REPES - Art. 171 do Decreto 7.212/2010
152	Suspensão	Recine - Saída para beneficiário do regime - Art. 14, III da Lei 12.599/2012
153	Suspensão	Recine - Desembaraço aduaneiro por beneficiário do regime - Art. 14, IV da Lei 12.599/2012
154	Suspensão	Reif - Saída para beneficiário do regime - Lei 12.794/1013, art. 8, III
155	Suspensão	Reif - Desembaraço aduaneiro por beneficiário do regime - Lei 12.794/1013, art. 8, IV

Cód.	Grupo CST	Descrição Enquadramento Legal do IPI
156	Suspensão	Repnbl-Redes - Saída para beneficiário do regime - Lei n° 12.715/2012, art. 30, II
157	Suspensão	Recompe - Saída de matérias-primas e produtos intermediários para beneficiários do regime - Decreto nº 7.243/2010, art. 5°, I
158	Suspensão	Recompe - Saída de matérias-primas e produtos intermediários destinados a industrialização de equipamentos - Programa Estímulo Universidade-Empresa - Apoio à Inovação - Decreto nº 7.243/2010, art. 5º, III
159	Suspensão	Rio 2016 - Produtos nacionais, duráveis, uso e consumo dos eventos, adquiridos pelas pessoas jurídicas mencionadas no § 2º do art. 4º da Lei nº 12.780/2013 - Lei nº 12.780/2013, Art. 13
160	Suspensão	Regime Especial de Admissão Temporária nos Termos do Art. 2º da IN 1361/2013
161	Suspensão	Regime Especial de Admissão Temporária nos termos do art. 5º da IN 1361/2013
162	Suspensão	Regime Especial de Admissão Temporária nos termos do art. 7º da IN 1361/2013 (Suspensão com pagamento de tributos diferidos até a duração do regime, limitado a 100% do valor original)
163	Suspensão	REPETRO-Industrialização Venda no mercado interno de matérias-primas, produtos intermediários e materiais de embalagem para serem utilizados integralmente no processo de industrialização de produto final destinado às atividades de exploração, de desenvolvimento e de produção de petróleo, de gás natural e de outros hidrocarbonetos fluidos à PJ habilitada no Repetro-Industrialização.- Instrução Normativa RFB nº 1901, de 17 de julho de 2019.
164	Suspensão	REPETRO-SPED Venda dos produtos finais destinados às atividades de exploração, de desenvolvimento e de produção de petróleo, de gás natural e de outros hidrocarbonetos fluidos previstas na Lei nº 9.478, de 6 de agosto de 1997 , na Lei nº 12.276, de 30 de junho de 2010, e na Lei nº 12.351, de 22 de dezembro de 2010, por fabricantes desses, beneficiários do Repetro-Industrialização, quando diretamente adquiridos por pessoa jurídica habilitada no Repetro-Sped.- Instrução Normativa RFB nº 1901, de 17 de julho de 2019.
165	Suspensão	O industrial ou equiparado, mediante requerimento, nas operações anteriores, concomitantes ou posteriores às saídas que promover, nas hipóteses e condições estabelecidas pela Secretaria da Receita Federal, nos termos da IN RFB nº 1.081/2010.
301	Isenção	Produtos industrializados por instituições de educação ou de assistência social, destinados a uso próprio ou a distribuição gratuita a seus educandos ou assistidos - Art. 54 Inciso I do Decreto 7.212/2010

Cód.	Grupo CST	Descrição Enquadramento Legal do IPI
302	Isenção	Produtos industrializados por estabelecimentos públicos e autárquicos da União, dos Estados, do Distrito Federal e dos Municípios, não destinados a comércio - Art. 54 Inciso II do Decreto 7.212/2010
303	Isenção	Amostras de produtos para distribuição gratuita, de diminuto ou nenhum valor comercial -Art. 54 Inciso III do Decreto 7.212/2010
304	Isenção	Amostras de tecidos sem valor comercial- Art. 54 Inciso IV do Decreto 7.212/2010
305	Isenção	Pés isolados de calçados - Art. 54 Inciso V do Decreto 7.212/2010
306	Isenção	Aeronaves de uso militar e suas partes e peças, vendidas à União - Art. 54 Inciso VI do Decreto 7.212/2010
307	Isenção	Caixões funerários - Art. 54 Inciso VII do Decreto 7.212/2010
308	Isenção	Papel destinado à impressão de músicas - Art. 54 Inciso VIII do Decreto 7.212/2010
309	Isenção	Panelas e outros artefatos semelhantes, de uso doméstico, de fabricação rústica, de pedra ou barro bruto - Art. 54 Inciso IX do Decreto 7.212/2010
310	Isenção	Chapéus, roupas e proteção, de couro, próprios para tropeiros - Art. 54 Inciso X do Decreto 7.212/2010
311	Isenção	Material bélico, de uso privativo das Forças Armadas, vendido à União - Art. 54 Inciso XI do Decreto 7.212/2010
312	Isenção	Automóvel adquirido diretamente a fabricante nacional, pelas missões diplomáticas e repartições consulares de caráter permanente, ou seus integrantes, bem assim pelas representações internacionais ou regionais de que o Brasil seja membro, e seus funcionários, peritos, técnicos e consultores, de nacionalidade estrangeira, que exerçam funções de caráter permanente - Art. 54 Inciso XII do Decreto 7.212/2010
313	Isenção	Veículo de fabricação nacional adquirido por funcionário das missões diplomáticas acreditadas junto ao Governo Brasileiro - Art. 54 Inciso XIII do Decreto 7.212/2010
314	Isenção	Produtos nacionais saídos diretamente para Lojas Francas - Art. 54 Inciso XIV do Decreto 7.212/2010
315	Isenção	Materiais e equipamentos destinados a Itaipu Binacional - Art. 54 Inciso XV do Decreto 7.212/2010
316	Isenção	Produtos Importados por missões diplomáticas, consulados ou organismo internacional -Art. 54 Inciso XVI do Decreto 7.212/2010
317	Isenção	Bagagem de passageiros desembaraçada com isenção do II. - Art. 54 Inciso XVII do Decreto 7.212/2010
318	Isenção	Bagagem de passageiros desembaraçada com pagamento do II. - Art. 54 Inciso XVIII do Decreto 7.212/2010

Cód.	Grupo CST	Descrição Enquadramento Legal do IPI
319	Isenção	Remessas postais internacionais sujeitas a tributação simplificada. - Art. 54 Inciso XIX do Decreto 7.212/2010
320	Isenção	Máquinas e outros destinados à pesquisa científica e tecnológica - Art. 54 Inciso XX do Decreto 7.212/2010
321	Isenção	Produtos de procedência estrangeira, isentos do II conforme Lei nº 8032/1990. - Art. 54 Inciso XXI do Decreto 7.212/2010
322	Isenção	Produtos de procedência estrangeira utilizados em eventos esportivos - Art. 54 Inciso XXII do Decreto 7.212/2010
323	Isenção	Veículos automotores, máquinas, equipamentos, bem assim suas partes e peças separadas, destinadas à utilização nas atividades dos Corpos de Bombeiros - Art. 54 Inciso XXIII do Decreto 7.212/2010
324	Isenção	Produtos importados para consumo em congressos, feiras e exposições - Art. 54 Inciso XXIV do Decreto 7.212/2010
325	Isenção	Bens de informática, Matéria Prima, produtos intermediários e embalagem destinados a Urnas eletrônicas - TSE - Art. 54 Inciso XXV do Decreto 7.212/2010
326	Isenção	Materiais, equipamentos, máquinas, aparelhos e instrumentos, bem assim os respectivos acessórios, sobressalentes e ferramentas, que os acompanhem, destinados à construção do Gasoduto Brasil - Bolívia - Art. 54 Inciso XXVI do Decreto 7.212/2010
327	Isenção	Partes, peças e componentes, adquiridos por estaleiros navais brasileiros, destinados ao emprego na conservação, modernização, conversão ou reparo de embarcações registradas no Registro Especial Brasileiro - REB - Art. 54 Inciso XXVII do Decreto 7.212/2010
328	Isenção	Aparelhos transmissores e receptores de radiotelefonia e radiotelegrafia; veículos para patrulhamento policial; armas e munições, destinados a órgãos de segurança pública da União, dos Estados e do Distrito Federal - Art. 54 Inciso XXVIII do Decreto 7.212/2010
329	Isenção	Automóveis de passageiros de fabricação nacional destinados à utilização como táxi adquiridos por motoristas profissionais - Art. 55 Inciso I do Decreto 7.212/2010
330	Isenção	Automóveis de passageiros de fabricação nacional destinados à utilização como táxi por impedidos de exercer atividade por destruição, furto ou roubo do veículo adquiridos por motoristas profissionais. - Art. 55 Inciso II do Decreto 7.212/2010
331	Isenção	Automóveis de passageiros de fabricação nacional destinados à utilização como táxi adquiridos por cooperativas de trabalho. - Art. 55 Inciso II do Decreto 7.212/2010
332	Isenção	Automóveis de passageiros de fabricação nacional, destinados a pessoas portadoras de deficiência física, visual, mental severa ou profunda, ou autistas - Art. 55 Inciso IV do Decreto 7.212/2010

Cód.	Grupo CST	Descrição Enquadramento Legal do IPI
333	Isenção	Produtos estrangeiros, recebidos em doação de representações diplomáticas estrangeiras sediadas no País, vendidos em feiras, bazares e eventos semelhantes por entidades beneficentes - Art. 67 do Decreto 7.212/2010
334	Isenção	Produtos industrializados na Zona Franca de Manaus - ZFM, destinados ao seu consumo interno - Art. 81 Inciso I do Decreto 7.212/2010
335	Isenção	Produtos industrializados na ZFM, por estabelecimentos com projetos aprovados pela SUFRAMA, destinados a comercialização em qualquer outro ponto do Território Nacional - Art. 81 Inciso II do Decreto 7.212/2010
336	Isenção	Produtos nacionais destinados à entrada na ZFM, para seu consumo interno, utilização ou industrialização, ou ainda, para serem remetidos, por intermédio de seus entrepostos, à Amazônia Ocidental - Art. 81 Inciso III do Decreto 7.212/2010
337	Isenção	Produtos industrializados por estabelecimentos com projetos aprovados pela SUFRAMA, consumidos ou utilizados na Amazônia Ocidental, ou adquiridos através da ZFM ou de seus entrepostos na referida região - Art. 95 Inciso I do Decreto 7.212/2010
338	Isenção	Produtos de procedência estrangeira, relacionados na legislação, oriundos da ZFM e que derem entrada na Amazônia Ocidental para ali serem consumidos ou utilizados:- Art. 95 Inciso II do Decreto 7.212/2010
339	Isenção	Produtos elaborados com matérias-primas agrícolas e extrativas vegetais de produção regional, por estabelecimentos industriais localizados na Amazônia Ocidental, com projetos aprovados pela SUFRAMA - Art. 95 Inciso III do Decreto 7.212/2010
340	Isenção	Produtos industrializados em Area de Livre Comércio - Art. 105 do Decreto 7.212/2010
341	Isenção	Produtos nacionais ou nacionalizados, destinados à entrada na Area de Livre Comércio de Tabatinga - ALCT - Art. 107 do Decreto 7.212/2010
342	Isenção	Produtos nacionais ou nacionalizados, destinados à entrada na Area de Livre Comércio de Guajará-Mirim - ALCGM - Art. 110 do Decreto 7.212/2010
343	Isenção	Produtos nacionais ou nacionalizados, destinados à entrada nas Áreas de Livre Comércio de Boa Vista - ALCBV e Bonfim - ALCB - Art. 113 do Decreto 7.212/2010
344	Isenção	Produtos nacionais ou nacionalizados, destinados à entrada na Area de Livre Comércio de Macapá e Santana - ALCMS - Art. 117 do Decreto 7.212/2010

Cód.	Grupo CST	Descrição Enquadramento Legal do IPI
345	Isenção	Produtos nacionais ou nacionalizados, destinados à entrada nas Áreas de Livre Comércio de Brasiléia - ALCB e de Cruzeiro do Sul - ALCCS - Art. 120 do Decreto 7.212/2010
346	Isenção	Recompe - equipamentos de informática - de beneficiário do regime para escolas das redes públicas de ensino federal, estadual, distrital, municipal ou nas escolas sem fins lucrativos de atendimento a pessoas com deficiência - Decreto n° 7.243/2010, art. 7º
347	Isenção	Rio 2016 - Importação de materiais para os jogos (medalhas, troféus, impressos, bens não duráveis, etc.) - Lei nº 12.780/2013, Art. 4º, § 1º, I
348	Isenção	Rio 2016 - Suspensão convertida em Isenção - Lei nº 12.780/2013, Art. 6º, I
349	Isenção	Rio 2016 - Empresas vinculadas ao CIO - Lei nº 12.780/2013, Art. 9º, I, d
350	Isenção	Rio 2016 - Saída de produtos importados pelo RIO 2016- Lei nº 12.780/2013, Art. 10, I, d
351	Isenção	Rio 2016 - Produtos nacionais, não duráveis, uso e consumo dos eventos, adquiridos pelas pessoas jurídicas mencionadas no § 2º do art. 4º da Lei nº 12.780/2013, Art. 12
601	Redução	Equipamentos e outros destinados à pesquisa e ao desenvolvimento tecnológico - Art. 72 do Decreto 7.212/2010
602	Redução	Equipamentos e outros destinados a empresas habilitadas no PDTI e PDTA utilizados em pesquisa e ao desenvolvimento tecnológico - Art. 73 do Decreto 7.212/2010
603	Redução	Microcomputadores e outros de até R$ 11.000,00, unidades de disco, circuitos, etc, destinados a bens de informática ou automação. Centro-Oeste SUDAM SUDENE - Art. 142, I do Decreto 7.212/2010
604	Redução	Microcomputadores e outros de até R$ 11.000,00, unidades de disco, circuitos, etc, destinados a bens de informática ou automação. - Art. 142, I do Decreto 7.212/2010
605	Redução	Bens de informática não incluídos no art. 142 do Decreto 7.212/2010 - Produzidos no Centro-Oeste, SUDAM, SUDENE - Art. 143, I do Decreto 7.212/2010
606	Redução	Bens de informática não incluídos no art. 142 do Decreto 7.212/2010- Art. 143, II do Decreto 7.212/2010
607	Redução	Padis - Art. 150 do Decreto 7.212/2010
608	Redução	Patvd - Art. 158 do Decreto 7.212/2010
999	**Outros**	**Tributação normal IPI; Outros**

6. Códigos de Situação Tributária do PIS e da COFINS

Os Códigos de Situação Tributária do PIS (CST-PIS) e da COFINS (CST-COFINS) foram publicados, também, no Anexo Único da Instrução Normativa RFB nº 1009/2010, com a indicação que deveriam ser utilizados na *"na elaboração dos arquivos digitais da Escrituração Fiscal Digital (EFD)"* e *"na geração do conteúdo das Notas Fiscais Eletrônicas (NF-e)"*.

As tabelas com o CST-PIS e o CST-COFINS apresentam os mesmos valores e indicam a forma de tributação das contribuições nas operações de saídas e de entradas, separadamente.

Exemplo (parte) da Tabela do Código da Situação Tributária do PIS/PASEP (CST-PIS):

Anexo Único da IN RFB 1009/2010 - Tabela II
Código da Situação Tributária Referente ao PIS/PASEP (CST-PIS):

Código	Descrição
01	Operação Tributável com Alíquota Básica
02	Operação Tributável com Alíquota Diferenciada
03	Operação Tributável com Alíquota por Unidade de Medida de Produto
04	Operação Tributável Monofásica - Revenda a Alíquota Zero
05	Operação Tributável por Substituição Tributária
06	Operação Tributável a Alíquota Zero
07	Operação Isenta da Contribuição
08	Operação sem Incidência da Contribuição
09	Operação com Suspensão da Contribuição
49	Outras Operações de Saída
50	Operação com Direito a Crédito - Vinculada Exclusivamente a Receita Tributada no Mercado Interno
51	Operação com Direito a Crédito - Vinculada Exclusivamente a Receita Não Tributada no Mercado Interno
52	Operação com Direito a Crédito - Vinculada Exclusivamente a Receita de Exportação
...	
75	Operação de Aquisição por Substituição Tributária
98	Outras Operações de Entrada
99	Outras Operações

Os códigos do intervalo de 01 a 49 são destinados para as operações de saídas. Os códigos do intervalo de 50 a 98 são destinados para as operações de entradas. O código 99 é o "nenhuma das anteriores".

A utilização dos CST-PIS e CST-COFINS deve considerar a tributação da operação na saída e a condição de crédito das contribuições na entrada (para o contribuinte no regime não cumulativo). No caso das saídas, deve ser considerado que as contribuições para o PIS e a COFINS incidem nas operações geradoras de receitas, ou seja, uma operação de venda.

O **código 01** indica a operação é tributada pela alíquota básica, que são 0,65% ou 1,65%, no caso do PIS, e 3% ou 7,6%, no caso da COFINS. Essas são as alíquotas "padrão" e a diferença entre elas é em decorrência da condição do emissor do documento fiscal ser do regime cumulativo ou do não cumulativo.

O **código 02** indica a tributação por alíquotas diferenciadas aplicadas no regime monofásico, quando o industrial ou importador aplica uma alíquota que contempla a tributação para toda a cadeia de comercialização, como é o caso do segmento de medicamentos, perfumaria.

O **código 03** é utilizado nas operações em que a tributação é por valor fixo em uma unidade de medida, como é o caso de produtos do segmento de combustíveis: há uma alíquota em Reais que é multiplicada pela quantidade de produto em metro cúbico, por exemplo.

O **código 04** deve ser utilizado por empresas que revendem os produtos que tiveram a tributação monofásica na operação de compra do fabricante, como é o caso das farmácias que revendem os medicamentos, e terão a saída com tributação das contribuições pela alíquota "zero".

O **código 05** é aplicável às operações em que há substituição tributária das contribuições para o PIS e a COFINS, como é o caso dos fabricantes de cigarros, por exemplo.

O **código 06** é aplicado nas operações em que a alíquota para as contribuições para o PIS e a COFINS é zero (e não é caso de revenda de produto com tributação monofásica) como ocorre nas vendas para a Zona Franca de Manaus.

O **código 07** é utilizado em operações com isenção das contribuições. Exemplo: venda de energia elétrica pela Itaipu Binacional.

O **código 08** é utilizado nas operações que representam receita para o contribuinte e não sofrem a incidência das contribuições, como é o caso de exportações. São situações em que há previsão na legislação afastando a tributação pelo PIS e pela COFINS. Muitos confundem essa "não incidência" com a não tributação para o caso de "outras saídas", que não representam receitas. É importante ter atenção no momento dessa classificação.

O **código 09** é utilizado nas operações com previsão de suspensão das contribuições na legislação, como é o caso da venda de produtos agropecuários.

O **código 49** deve ser utilizado em operações que não configuram receitas. Essas são as "outras" operações e estão fora do campo de incidência das contribuições.

Na página da EFD-Contribuições, na opção "Tabelas de Códigos"[39], há tabelas com a indicação das operações e dos produtos em que são utilizados os CST de 02 a 09.

A questão é: qual CST deve ser utilizado em operações que não são tributadas pelo PIS e pela COFINS?

Há algumas respostas no "Perguntas e Respostas EFD-Contribuições"[40] (disponível na página do SPED):

> ***"50) Qual CST utilizar nas operações de remessa e transferências de mercadorias?***
> *Como não trata-se de uma operação geradora de receita e tampouco de créditos, utilize nas saídas o CST 49 (outras operações de saída) e nas entradas o CST 98 (outras operações de entrada). Documentos com estas operações não precisam ser informados na EFD-CONTRIBUIÇÕES."*
>
> ***"62) Como informar uma devolução de compra na EFD-CONTRIBUIÇÕES?***
> *(...)*
> *Por se referir a uma operação de saída, a devolução de compra deve ser escriturada com o CST 49."*
>
> ***"102) Qual o CST a ser informado pela pessoa jurídica optante do Simples Nacional, quando da emissão de Nota Fiscal Eletrônica - NF-e, código 55?***
> *(...)*
> - *Vendas tributadas no regime do Simples Nacional (Recolhimento único): CST 49*
> - *Tributadas no regime monofásico (Fabricantes de bebidas frias, medicamentos, autopeças, etc): CST 02 ou 03*
> - *Tributadas no regime monofásico (Revenda de Combustíveis, bebidas frias, medicamentos, autopeças, etc.): CST 04*
> - *Tributadas no regime de substituição tributária (máquinas agrícolas auto propulsadas): CST 05.*
> - *Vendas para exportação e a Pessoa Jurídica comercial exportadora, com o fim específico de exportação: CST 08"*

Quanto às entradas, não será comentado aqui em decorrência da especificidade das situações e por não ser uma informação para a emissão Nota Fiscal.

---

[39] http://sped.rfb.gov.br/pasta/show/1616

[40] http://sped.rfb.gov.br/arquivo/show/3024

6.1 Tabela CST-PIS

Tabelas completas dos Códigos de Situação Tributária do PIS/PASEP e da COFINS, publicados com a Instrução Normativa RFB nº 1009/2010[41].

Anexo Único - Tabela II
Código da Situação Tributária Referente ao PIS/PASEP (CST-PIS):

Código	Descrição
01	Operação Tributável com Alíquota Básica
02	Operação Tributável com Alíquota Diferenciada
03	Operação Tributável com Alíquota por Unidade de Medida de Produto
04	Operação Tributável Monofásica - Revenda a Alíquota Zero
05	Operação Tributável por Substituição Tributária
06	Operação Tributável a Alíquota Zero
07	Operação Isenta da Contribuição
08	Operação sem Incidência da Contribuição
09	Operação com Suspensão da Contribuição
49	Outras Operações de Saída
50	Operação com Direito a Crédito - Vinculada Exclusivamente a Receita Tributada no Mercado Interno
51	Operação com Direito a Crédito - Vinculada Exclusivamente a Receita Não Tributada no Mercado Interno
52	Operação com Direito a Crédito - Vinculada Exclusivamente a Receita de Exportação
53	Operação com Direito a Crédito - Vinculada a Receitas Tributadas e Não-Tributadas no Mercado Interno
54	Operação com Direito a Crédito - Vinculada a Receitas Tributadas no Mercado Interno e de Exportação
55	Operação com Direito a Crédito - Vinculada a Receitas Não-Tributadas no Mercado Interno e de Exportação
56	Operação com Direito a Crédito -Vinculada a Receitas Tributadas e Não-Tributadas no Mercado Interno, e de Exportação
60	Crédito Presumido - Operação de Aquisição Vinculada Exclusivamente a Receita Tributada no Mercado In terno
61	Crédito Presumido - Operação de Aquisição Vinculada Exclusivamente a Receita Não-Tributada no Mercado Interno
62	Crédito Presumido - Operação de Aquisição Vinculada Exclusivamente a Receita de Exportação

[41] http://normas.receita.fazenda.gov.br/sijut2consulta/link.action?idAto=15974

63	Crédito Presumido - Operação de Aquisição Vinculada a Receitas Tributadas e Não-Tributadas no Mercado Interno
64	Crédito Presumido -Operação de Aquisição Vinculada a Receitas Tributadas no Mercado Interno e de Exportação
65	Crédito Presumido - Operação de Aquisição Vinculada a Receitas Não-Tributadas no Mercado Interno e de Exportação
66	Crédito Presumido - Operação de Aquisição Vinculada a Receitas Tributadas e Não-Tributadas no Mercado Interno, e de Exportação
67	Crédito Presumido - Outras Operações
70	Operação de Aquisição sem Direito a Crédito
71	Operação de Aquisição com Isenção
72	Operação de Aquisição com Suspensão
73	Operação de Aquisição a Alíquota Zero
74	Operação de Aquisição sem Incidência da Contribuição
75	Operação de Aquisição por Substituição Tributária
98	Outras Operações de Entrada
99	Outras Operações

6.2 Tabela CST-COFINS

Anexo Único - Tabela III
Código da Situação Tributária Referente à COFINS (CST-COFINS):

Código	Descrição
01	Operação Tributável com Alíquota Básica
02	Operação Tributável com Alíquota Diferenciada
03	Operação Tributável com Alíquota por Unidade de Medida de Produto
04	Operação Tributável Monofásica - Revenda a Alíquota Zero
05	Operação Tributável por Substituição Tributária
06	Operação Tributável a Alíquota Zero
07	Operação Isenta da Contribuição
08	Operação sem Incidência da Contribuição
09	Operação com Suspensão da Contribuição
49	Outras Operações de Saída
50	Operação com Direito a Crédito - Vinculada Exclusivamente a Receita Tributada no Mercado Interno
51	Operação com Direito a Crédito - Vinculada Exclusivamente a Receita Não-Tributada no Mercado Interno
52	Operação com Direito a Crédito - Vinculada Exclusivamente a Receita de Exportação

53	Operação com Direito a Crédito - Vinculada a Receitas Tributadas e Não-Tributadas no Mercado Interno
54	Operação com Direito a Crédito - Vinculada a Receitas Tributadas no Mercado Interno e de Exportação
55	Operação com Direito a Crédito - Vinculada a Receitas Não Tributadas no Mercado Interno e de Exportação
56	Operação com Direito a Crédito - Vinculada a Receitas Tributadas e Não-Tributadas no Mercado Interno e de Exportação
60	Crédito Presumido - Operação de Aquisição Vinculada Exclusivamente a Receita Tributada no Mercado Interno
61	Crédito Presumido - Operação de Aquisição Vinculada Exclusivamente a Receita Não-Tributada no Mercado Interno
62	Crédito Presumido - Operação de Aquisição Vinculada Exclusivamente a Receita de Exportação
63	Crédito Presumido - Operação de Aquisição Vinculada a Receitas Tributadas e Não-Tributadas no Mercado Interno
64	Crédito Presumido -Operação de Aquisição Vinculada a Receitas Tributadas no Mercado Interno e de Exportação
65	Crédito Presumido - Operação de Aquisição Vinculada a Receitas Não-Tributadas no Mercado Interno e de Exportação
66	Crédito Presumido - Operação de Aquisição Vinculada a Receitas Tributadas e Não-Tributadas no Mercado Interno e de Exportação
67	Crédito Presumido - Outras Operações
70	Operação de Aquisição sem Direito a Crédito
71	Operação de Aquisição com Isenção
72	Operação de Aquisição com Suspensão
73	Operação de Aquisição a Alíquota Zero
74	Operação de Aquisição sem Incidência da Contribuição
75	Operação de Aquisição por Substituição Tributária
98	Outras Operações de Entrada
99	Outras Operações

7. Global Trade Item Number – GTIN

Esse é o campo “cEAN” e “cEANTrib” na NF-e.

O que é GTIN?

> "*O GTIN, sigla de **Global Trade Item Number**, é um identificador para itens comerciais. Os GTIN, anteriormente chamados de códigos EAN, são atribuídos para qualquer produto que possa ser precificado, pedido ou faturado em algum ponto de uma cadeia de suprimentos, sendo de grande aplicação na automação comercial da venda a consumidor final.*" (texto extraído da página 5 da Nota Técnica da NF-e 2021.003).

Na Cláusula terceira, § 6º, do Ajuste SINIEF nº 07/2005 o GTIN está indicado como “Numeração Global de Item Comercial”.

Decodificando: É o código de barras que consta na embalagem dos produtos. Exemplo de representação do GTIN:

Figura 12: Representação do GTIN.

O GTIN é um código de uso mundial e pode ter 8, 12, 13 ou 14 dígitos, de acordo com a aplicação que será dada à codificação. Os códigos no Brasil são iniciados em 789 ou 790.

O Cadastro Centralizado do GTIN (CCG) é um banco de dados dos produtos que possuem o GTIN e é integrado com o Cadastro Nacional de Produtos da GS1 (CNP). A GS1 Brasil é a instituição responsável pela administração do CNP. Para o cadastro dos produtos, o contribuinte deve procurara a GS1 Brasil: https://www.gs1br.org

O responsável pelo cadastro do GTIN é o dono da marca. O revendedor deverá utilizar o mesmo código nos documentos que emitir.

A Nota Técnica 2021.003 estabelece um cronograma para a ativação das regras de validação do GTIN indicado na NF-e e as informações contidas no CCG. A implantação da validação está ocorrendo por etapas, por grupos de mercadorias e operações (Anexos I e II da NT 2021.003, incluídos a partir da versão 1.10).

A verificação da existência do GTIN no CCG - Cadastro Centralizado de GTIN teve início em 12/09/2022. Na fase inicial, a verificação da existência do GTIN no CCG é efetuada apenas nas operações de venda da Indústria (CFOP de Venda Produção do Estabelecimento) e para os grupos de mercadorias indicados no Anexo I da NT 2021.003.

A segunda etapa, prevista para 01/06/2023 (NT 2021.003 v1.20), teve início em 03/07/2023 (NT 2021.003 v1.21).

No caso dos produtos que não possuem GTIN, o campo deve ser preenchido com a informação "**SEM GTIN**"[42].

Grupos de mercadorias com validação do GTIN na NF-e:

Grupo I – a partir de 12/09/2022:

Grupo	NCM	Descrição resumida
I	2401 a 2403	Tabaco e seus sucedâneos manufaturados
	3001 a 3006	Produtos farmacêuticos
	9503 a 9505	Brinquedos, jogos, artigos para divertimento

Grupo II – a partir de 03/07/2023:

Grupo	NCM	Descrição resumida
II	2201 a 2209	Bebidas e Refrigerantes
	2523, 3816	Cimentos e Argamassas
	-x-	Produtos de Higiene Pessoal e Cosméticos, **conforme abaixo**
	2814	Produtos químico inorgânicos ..., Amoníaco
	2847	Produtos químico inorgânicos ..., Água oxigenada
	3301 a 3307	Óleos Essenciais, Perfumes e Águas de Colônia, Produtos de Beleza ou de maquiagem, Preparações capilares, Higiene bucal ou dentária, Preparações para barbear, Desodorantes,...
	3401	Sabões, agentes orgânicos de superfície, preparações para lavagem, preparações lubrificantes, ceras artificiais, ceras preparadas, produtos de conservação e limpeza, velas e artigos semelhantes, ...
	4818	Papel Higiênico, Lenço e toalhas de mão, ...
	8212	Navalhas e Aparelhos e lâminas de barbear, ...
	9605	Conjuntos de viagem, para toucador de pessoas, para costura ou para limpeza de calçado ou de roupas
	9615	Pentes, travessas para cabelo e artigos semelhantes; grampos (alfinetes) para cabelo e artefatos semelhantes, ...
	9619	Absorventes, fraldas, e artigos semelhantes

[42] Nota Técnica 2017.001.

Os CFOPs que serão considerados para efeito da validação do GTIN (indicados no Anexo II da NT 2021.003) são:

CFOP	Descrição
5.101	Venda de produção do estabelecimento
5.103	Venda de produção do estabelecimento efetuada fora do estabelecimento
5.105	Venda de produção do estabelecimento que não deva por ele transitar
5.109	Venda de produção do estabelecimento destinada à ZFM ou ALC
5.111	Venda de produção do estabelecimento remetida anteriormente em consignação industrial
5.113	Venda de produção do estabelecimento remetida anteriormente em consignação mercantil
5.116	Venda de produção do estabelecimento originada de encomenda p/ entrega futura
5.118	Venda de produção do estabelecimento entregue ao destinatário por conta e ordem do adquirente originário, em venda à ordem
5.122	Venda de produção do estabelecimento remetida p/ industrialização, por conta e ordem do adquirente, sem transitar pelo estabelecimento do adquirente
5.401	Venda de produção do estabelecimento quando o produto esteja sujeito a ST
5.402	Venda de produção do estabelecimento de produto sujeito a ST, em operação entre contribuintes substitutos do mesmo produto
6.101	Venda de produção do estabelecimento
6.103	Venda de produção do estabelecimento, efetuada fora do estabelecimento
6.105	Venda de produção do estabelecimento que não deva por ele transitar
6.107	Venda de produção do estabelecimento, destinada a não contribuinte
6.109	Venda de produção do estabelecimento destinada à ZFM ou ALC
6.111	Venda de produção do estabelecimento remetida anteriormente em consignação industrial
6.113	Venda de produção do estabelecimento remetida anteriormente em consignação mercantil
6.116	Venda de produção do estabelecimento originada de encomenda p/ entrega futura
6.118	Venda de produção do estabelecimento entregue ao destinatário por conta e ordem do adquirente originário, em venda à ordem
6.122	Venda de produção do estabelecimento remetida p/ industrialização, por conta e ordem do adquirente, sem transitar pelo estabelecimento do adquirente
6.401	Venda de produção do estabelecimento quando o produto sujeito a ST
6.402	Venda de produção do estabelecimento de produto sujeito a ST, em operação entre contribuintes substitutos do mesmo produto
7.101	Venda de produção do estabelecimento
7.105	Venda de produção do estabelecimento, que não deva por ele transitar
7.127	Venda de produção do estabelecimento sob o regime de drawback

Há previsão de novas versões da NT 2021.003, com a ampliação dos grupos de mercadorias (chamados de grupos de NCM na NT) e das operações com a validação do GTIN. Os contribuintes devem ficar atentos.

8. Erros na Nota Fiscal - Como resolver?

"Não temos tempo para conferir Nota Fiscal."

Será que a fiscalização vai aceitar esse argumento na defesa da empresa?

As estruturas estão cada vez mais enxutas por várias razões: situação econômica, implantação de sistema, redução de custos, e etc. E os procedimentos considerados secundários, menos necessários para o funcionamento da empresa, são colocados de lado. Entre conferir a Nota Fiscal recebida e fazer os lançamentos no estoque para liberar o material para a produção, o profissional opta pelo que considera mais urgente: fazer o lançamento de entrada com o material. A conferência pode ser feita depois, por outra área ... se houver tempo.

Ocorre que receber uma Nota Fiscal incorreta, sem buscar sanar a irregularidade antes da entrada, é o equivalente ao recebimento de mercadoria desacompanhada de documentação fiscal hábil. Como evitar isso?

"Não adianta falar com eles."

Essa é mais uma frase que reflete o conflito entre os departamentos.

A questão é: "Eles" sabem as consequências dos procedimentos que estão adotando? Eles receberam as orientações sobre a forma correta de proceder? Eles têm os recursos necessários para fazer a coisa certa?

Enquanto os profissionais das áreas Fiscal, Contábil ou Tributária, estão preocupados com o recebimento de Notas Fiscais emitidas conforme prevê a legislação, as áreas operacionais estão preocupadas com o aspecto prático da operação. A Nota Fiscal é só um papel (quando há um papel ...)! Como promover a conscientização da importância desse papel?

Cadastro!

O cadastro é o coração de qualquer sistema. **E quando se busca automatizar tarefas, um cadastro bem-feito é um grande aliado**.

Os dados dos clientes devem estar corretos no cadastro da empresa fornecedora. Principalmente no que se refere às condições especiais de fornecimento: regimes especiais, benefícios fiscais de área geográfica ou de segmento, incentivos fiscais, etc. E, na dúvida, é sempre bom perguntar. O problema será se o comprador não souber responder.

E não podemos esquecer que os nossos dados no cadastro dos fornecedores, também, deverão estar atualizados.

O cadastro do produto deve apresentar as especificações técnicas do material e as informações de interesse tributário. Entre essas informações, temos: NCM, alíquota do IPI, CEST (e se é/foi produzido em escala industrial não relevante), alíquota do ICMS, origem/conteúdo de importação (Tabela A da CST-ICMS), benefício fiscal, regime especial e etc.

Com essas informações, é possível fazer a simulação das condições do fornecimento (e, principalmente, da tributação) e "aparar algumas arestas", se existirem.

Comunicação, comunicação e comunicação ...

Pode parecer irrelevante, mas, a comunicação pode ajudar a resolver vários problemas em uma empresa.

a) **Comunicação antes:**

É necessário orientar os profissionais e setores envolvidos nas operações e no recebimento de documentos fiscais. Muitas vezes, as pessoas cometem erros por não conhecer qual é o procedimento correto ou por não saber as consequências que a empresa pode ter. Um bom argumento é informar a penalidade a que a empresa estará sujeita, se não observar o que estabelece a legislação. O órgão mais sensível do ser humano é o bolso, não é?

Então, não é apenas o profissional da área operacional que deve ser informado dos procedimentos que deverão ser observados (e da penalidade pela não observância). O gerente dele, também, deve saber. E, sendo possível, até o diretor da área. Afinal, as orientações desse tipo são mais "efetivas" quando partem "de cima".

b) **Comunicação durante:**

Muitos problemas nos documentos fiscais decorrem da falta de comunicação durante a negociação entre as áreas comerciais (Compras e Vendas).

Se a empresa é fornecedora, o vendedor está mais interessado em "fechar o pedido", fazer a venda e receber a comissão. E não busca as informações necessárias para identificar as condições para emissão da Nota Fiscal, como a destinação da mercadoria, um tratamento especial da operação ou do cliente, particularidades na legislação da UF de destino, e etc.

Se a empresa é a compradora, o comprador só está preocupado em obter o menor preço (a qualquer custo, literalmente ...) e não observa condições, como: a tributação que a mercadoria tem (ou deveria ter), a classificação correta do material, não informa a destinação que será dada ao material e, ainda, busca "soluções" duvidosas para reduzir os preços. Com isso, há alguns custos que só aparecem depois, como o recolhimento de diferencial de alíquotas.

Quando os profissionais de Compras e Vendas têm conhecimento dos requisitos básicos para a emissão de uma Nota Fiscal, muitos erros podem ser evitados apenas com a obtenção das informações certas na negociação.

c) **Comunicação depois:**

Todos os profissionais envolvidos nos processos de recebimento e escrituração fiscal dos documentos fiscais devem conhecer, também, a importância da Nota Fiscal. O ideal é que a conferência do documento aconteça **antes** da mercadoria chegar na empresa. E como isso pode ser feito? A legislação já previu isso: o emissor da NF-e é obrigado a encaminhar ou disponibilizar o download do arquivo XML para o destinatário, imediatamente após o recebimento da autorização de uso (Cláusula 7ª, § 7º, I, Ajuste SINIEF 07/2005).

E para que serve esse envio? Para o destinatário fazer a conferência dos dados da NF-e emitida e, se constatado algum erro, possa comunicar o fornecedor sobre o problema encontrado, antes da saída da mercadoria. Isso possibilita que a NF-e seja cancelada, evitando outros problemas (como a carta de correção ... sim, a carta de correção pode ser um problema!). Se o erro for constatado no momento da entrega da mercadoria, será mais difícil resolver o problema com a mesma rapidez.

E quem deverá fazer a conferência dos dados da NF-e emitida? As áreas envolvidas deverão tomar essa decisão. Isso não consta na legislação.

Mas, e se nada disso adiantar e a Nota Fiscal estiver errada?
(Se eu estivesse em uma sala de aula, diria: "*senta e chora*".)

8.1 Carta de Correção

A carta de correção é a solução para todos os nossos problemas? **Não!**

A carta de correção não existia, formalmente, na nossa legislação até abril/2007 (apesar de venderem formulários nas papelarias no final do século passado ...). Com a implantação da Nota Fiscal Eletrônica, foi necessário ter um procedimento único em todas as Unidades da Federação para não comprometer a validade das operações. Assim, houve a regulamentação da carta de correção, com a inclusão das disposições no Convênio SINIEF s/nº, de 1970, e no Ajuste SINIEF nº 07/2005.

O § 1º-A foi acrescentado ao Art. 7º do Convênio SINIEF s/nº, de 1970, pelo Ajuste SINIEF 01/2007, com efeitos a partir de 04/04/2007.

Convênio SINIEF s/nº, de 15 de dezembro de 1970[43]:

*"**Art. 7º** Os documentos fiscais referidos nos incisos ...*

*§ **1º-A Fica permitida a utilização de carta de correção**, para regularização de erro ocorrido na emissão de documento fiscal, **desde que o erro não esteja relacionado com**:*

I - as variáveis que determinam o valor do imposto tais como: base de cálculo, alíquota, diferença de preço, quantidade, valor da operação ou da prestação;

II - a correção de dados cadastrais que implique mudança do remetente ou do destinatário;

III - a data de emissão ou de saída.

IV - campos da nota fiscal de exportação informados na Declaração Única de Exportação – DU-E;

V - a inclusão ou alteração de parcelas de vendas a prazo.

..."

Ajuste SINIEF nº 07/2005[44]

*"**Cláusula décima quarta-A** Após a concessão da Autorização de Uso da NF-e, de que trata a cláusula sétima, **o emitente poderá sanar erros em campos específicos da NF-e, por meio de Carta de Correção Eletrônica - CC-e**, transmitida à administração tributária da unidade federada do emitente, desde que o erro não esteja relacionado com:*

I - as variáveis que determinam o valor do imposto tais como: base de cálculo, alíquota, diferença de preço, quantidade, valor da operação ou da prestação;

II - a correção de dados cadastrais que implique mudança do remetente ou do destinatário;

III - a data de emissão ou de saída.

IV - campos da NF-e de exportação informados na Declaração Única de Exportação – DU-E;

V - a inclusão ou alteração de parcelas de vendas a prazo.

...

*§ 4º **Havendo mais de uma CC-e para a mesma NF-e, o emitente deverá consolidar na última todas as informações anteriormente retificadas**.*

§ 5º A administração tributária que recebeu a CC-e deverá transmiti-la às administrações tributárias e entidades previstas na cláusula oitava.

*§ 6º **O protocolo de que trata o § 3º não implica validação das informações contidas na CC-e.***

§ 7º É vedada a utilização de carta de correção em papel para sanar erros em campos específicos de NF-e."

---

[43] https://www.confaz.fazenda.gov.br/legislacao/ajustes/sinief/cvsn_70

[44] https://www.confaz.fazenda.gov.br/legislacao/ajustes/2005/AJ007_05

Primeiro ponto: A carta de correção para a NF-e é a Carta de Correção Eletrônica – CC-e, gerada pelo sistema emissor da NF-e. Não há que se falar em emitir uma carta em papel, comum, como era feito antes.

Segundo ponto: A carta de correção não altera os dados já transmitidos para a administração tributária e que foram considerados para a autorização da NF-e. E o que isso significa? As informações alteradas não são "incorporadas" automaticamente ao documento fiscal. Os contribuintes (remetente e destinatário) deverão observar os dados que foram alterados no momento da escrituração. No Guia Prático da EFD-ICMS/IPI[45] há um comentário na Seção 7: "*Carta de Correção e Carta de Correção Eletrônica (CC-e) não são informadas na EFD-ICMS/IPI. Informe o documento já corrigido.*"

Terceiro ponto (e mais importante): Não é qualquer informação que pode ser regularizada com a Carta de Correção. A legislação indica o que não pode ser alterado. Assim, o que não está indicado, pode ser alterado.

Então, **não podem ser alterados com a carta de correção**:
a) as variáveis que determinam o valor do imposto tais como: **base de cálculo, alíquota, diferença de preço, quantidade, valor da operação ou da prestação**;
b) a correção de **dados cadastrais** que implique mudança do remetente ou do destinatário;
c) a **data** de emissão ou de saída.
d) campos da NF-e de exportação informados na Declaração Única de Exportação – DU-E;
e) a inclusão ou alteração de parcelas de vendas a prazo.

O que sobrou? Algumas informações:
1) Dispositivo legal não informado.
2) Dados de documento de referência.
3) Dados da descrição do produto.
4) CFOP (tem resposta da SEFAZ/SP falando que pode ...).

É importante observar que não há validação das informações incluídas na Carta de Correção Eletrônica. A responsabilidade pela correção solicitada é do contribuinte e não será válida a CC-e que seja emitida em desacordo com o disposto na legislação, mesmo que tenha sido recepcionada pela administração tributária.

---

[45] O Guia Prático da EFD-ICMS/IPI está disponível na página do Sistema Público de Escrituração Digital - SPED:
http://sped.rfb.gov.br/pasta/show/1573

Mas, como vimos, o que interessa (mesmo) não pode. Não é? Em caso de dúvida, busque respostas da Secretaria da Fazenda do Estado onde está localizado o contribuinte.

Por isso, se for possível fazer uma conferência do documento fiscal emitido, pelo emissor ou pelo destinatário (lembra do envio do XML?), e sendo constatado o problema **antes da saída da mercadoria**, a melhor solução é fazer o cancelamento da NF-e e a emissão de um novo documento com as correções necessárias. E todos viverão felizes para sempre!

Mas, não é isso o que acontece na vida real.

8.2 Cancelamento da Nota Fiscal

Como já foi mencionado, se o erro for constatado antes da saída da mercadoria, a melhor solução é cancelar a Nota Fiscal e emitir outra. É um "pecado" fazer a saída da mercadoria acompanhada com uma Nota Fiscal já com uma carta de correção. Se já é do conhecimento do emissor que há um erro no documento fiscal, por que não cancelar?

Há quem questione:
- Cancelar muitas Notas Fiscais não chama a atenção da fiscalização?

Como assim? Quantas Notas Fiscais estão sendo canceladas? Muito ou pouco é um critério relativo e com base na quantidade de Notas Fiscais emitidas pelo contribuinte.

A legislação não apresenta um número indicador para que seja considerado "muito" a partir de certa quantidade. Mas, muitas Notas Fiscais canceladas é indício de algum problema. Problema humano ou problema no sistema. Como "sistema" podemos considerar informações cadastrais, também.

O problema humano é a falta de conhecimento. O profissional responsável pela emissão das Notas Fiscais não tem o conhecimento adequado para analisar o que está fazendo e verificar se há algum erro antes do documento ser emitido.

O problema no sistema é, de certa forma, um problema humano, também. É importante que haja um acompanhamento do que está sendo feito pelo sistema (alterações em cadastros e na legislação, modificações de alíquotas e em cálculos) para evitar os erros nos documentos fiscais.

Então, seja por qual razão o documento fiscal tenha sido emitido com incorreções, antes da saída, a melhor solução é o cancelamento.

Mas, não basta apenas "querer" cancelar uma Nota Fiscal. Há condições na legislação para fazer isso.

De acordo com a cláusula décima segunda do Ajuste SINIEF nº 07/2005[46]:

> *"**Cláusula décima segunda Em prazo não superior a vinte e quatro horas, contado do momento em que foi concedida a Autorização de Uso da NF-e,** de que trata o inciso III da cláusula sétima deste ajuste, o emitente poderá solicitar o cancelamento da respectiva NF-e, **desde que não tenha havido a circulação da mercadoria, prestação de serviço ou vinculação à Duplicata Escritural,** observadas as normas constantes na cláusula décima terceira deste ajuste.*
>
> *Parágrafo único. **A critério de cada unidade federada,** em casos excepcionais, **poderá ser recepcionado o pedido de cancelamento de forma extemporânea**."*

Portanto, a primeira condição para o cancelamento da NF-e é "não ter havido a circulação da mercadoria". Está na legislação. Se houver ocorrido a circulação da mercadoria, é necessário buscar orientação da Fiscalização.

Também, é necessário observar o tempo decorrido desde a concessão da autorização de uso da NF-e. A norma geral estabelece um prazo não superior a 24 horas para que seja efetuado o cancelamento.

Mas (sempre tem uma "mas"), a Unidade da Federação poderá recepcionar o pedido de cancelamento "de forma extemporânea". Isso acontece em São Paulo, por exemplo, onde prazo é de até 480[47] horas a partir da autorização da NF-e.

Por isso, o quanto antes for observado o problema na Nota Fiscal, melhor.

E se já houve a circulação da mercadoria e a irregularidade não pode ser sanada com carta de correção, como é o caso do envio ou recebimento de mercadoria em quantidade diferente daquela indicada na Nota Fiscal, ou com os valores divergentes, o que fazer?

Não temos uma disposição com validade nacional tratando todas as situações. As Secretarias da Fazenda costumam se manifestar na forma de respostas de consultas para seus contribuintes. Vamos apresentar os procedimentos descritos e respostas de consulta publicadas pela Secretaria da Fazenda de São Paulo. O contribuinte deve procurar a orientação na administração tributária do seu Estado.

---

[46] https://www.confaz.fazenda.gov.br/legislacao/ajustes/2005/AJ007_05

[47] https://portal.fazenda.sp.gov.br/servicos/nfe/Paginas/cancelamentoextemp.aspx

8.3 Valores destacados a menor na Nota Fiscal

Se houve a entrega (ou recebimento) de mercadoria em quantidade maior do que a indicada no documento fiscal, o procedimento é simples.

O emissor do documento original deve emitir uma Nota Fiscal complementar para o excesso na quantidade.

Exemplo:

Na NF-e constou 100 unidades e houve a entrega de 120 unidades. Deve ser emitida a Nota Fiscal complementar para as 20 unidades que foram encaminhadas a mais.

A NF-e complementar terá o mesmo fato gerador e a mesma tributação da NF-e original. E, por favor, o mesmo CFOP (imagine que as informações serão "juntadas" no ambiente da fiscalização).

O destinatário, se quiser ficar com a mercadoria, utilizará esse documento para a escrituração da entrada da quantidade excedente. Se o destinatário não quiser ficar com a mercadoria excedente, deverá efetuar a devolução, mencionando as Notas Fiscais recebidas.

Esse procedimento é aplicável, também, no caso de divergência nos valores (preço a menor, impostos destacados a menor ou não destacados).

É importante observar o fato gerador da operação original, pois, mesmo que os valores adicionais constem em uma outra Nota Fiscal, o prazo para o recolhimento dos tributos deve ser considerado com base na emissão da Nota Fiscal que está sendo complementada.

Se a NF-e complementar for emitida em um período de apuração subsequente, o recolhimento dos tributos poderá ser com acréscimos, se não ocorrer no mesmo prazo do recolhimento dos tributos da NF-e original.

8.4 Valores destacados a maior na Nota Fiscal

Se houve a entrega da mercadoria em quantidade menor do que a indicada no documento fiscal, o procedimento é mais complexo.

Para o recebedor da mercadoria, é vedado o crédito do imposto relativo à mercadoria não recebida. E, em São Paulo, não há previsão de emissão de "devolução simbólica" para a mercadoria não recebida (mas, muito contribuinte faz isso ...).

Na legislação, há vedação para a emissão de Nota Fiscal que não corresponda a uma efetiva saída, conforme já vimos no capítulo 1, se não houver previsão na legislação do ICMS ou do IPI.

O procedimento, com base no que é indicado pela Secretaria da Fazenda de São Paulo em respostas de consultas, é:

a) O destinatário da mercadoria deve fazer a escrituração da entrada com o valor das mercadorias efetivamente recebidas.

   Exemplo:

   Na NF-e há 100 unidades com o valor total de R$ 1.000,00 e foram recebidas apenas 80 unidades. A escrituração será no valor de R$ 800,00 (que é o valor correspondente às unidades recebidas) e com o crédito dos tributos na mesma proporção.

   Deve ser efetuada uma observação no lançamento da Nota Fiscal, com a descrição da ocorrência.

b) Deve ser encaminhada uma comunicação ao fornecedor, relatando a ocorrência. Observe que não é mencionado "carta de correção" porque não é aplicável a essa situação. Nós, na área Fiscal, mencionamos como "declaração de não aproveitamento de créditos".
   Deverá ocorrer uma negociação entre as áreas de Compras e de Vendas sobre a forma de atendimento do restante do pedido que não foi entregue, observando, também, a formalização necessária do ponto de vista tributário. Se for acertado que não será encaminhada a parte faltante da mercadoria, o cliente tem direito à restituição do valor pago (se já foi efetuado o pagamento) ou um crédito financeiro.

c) O remetente da mercadoria (o fornecedor) tem o direito à restituição do imposto pago a maior (a Nota Fiscal emitida vai ficar com o valor original).

d) Se o cliente quiser receber a mercadoria que ficou faltando, deve ser emitida uma outra Nota Fiscal, com a mesma condição tributária da primeira Nota Fiscal.

A situação do destinatário fica resolvida com a escrituração da entrada pelo valor da mercadoria efetivamente recebida. O problema fica com o emissor da Nota Fiscal, que deverá buscar o ressarcimento ou compensação dos tributos em sua escrituração fiscal e contábil.

Esses procedimentos, conforme comentamos, são baseados em respostas de consultas publicadas pela Secretaria da Fazenda de São Paulo. Se o contribuinte estiver em outra Unidade da Federação, é recomendável verificar (ou confirmar) o procedimento com a Fiscalização do local.

Indicamos, a seguir, os links de algumas dessas respostas publicadas:

Resposta à Consulta Tributária 26270/2022, de 02 de setembro de 2022.
https://legislacao.fazenda.sp.gov.br/Paginas/RC26270_2022.aspx

Resposta à Consulta Tributária 24487/2021, de 15 de outubro de 2021.
https://legislacao.fazenda.sp.gov.br/Paginas/RC24487_2021.aspx

Resposta à Consulta Tributária 24059/2021, de 10 de setembro de 2021.
https://legislacao.fazenda.sp.gov.br/Paginas/RC24059_2021.aspx

Resposta à Consulta Tributária 21674/2020, de 13 de maio de 2020.
https://legislacao.fazenda.sp.gov.br/Paginas/RC21674_2020.aspx

Resposta à Consulta Tributária 20918/2019, de 23 de abril de 2020.
https://legislacao.fazenda.sp.gov.br/Paginas/RC20918_2019.aspx

Resposta à Consulta Tributária 18585/2018, de 01 de Novembro de 2018.
https://legislacao.fazenda.sp.gov.br/Paginas/RC18585_2018.aspx

Resposta à Consulta Tributária 17645/2018, de 12 de julho de 2018.
https://legislacao.fazenda.sp.gov.br/Paginas/RC17645_2018.aspx

Observação para os contribuintes do Estado de São Paulo:
A Portaria SRE nº 84/2022[48], publicada em 06/10/2022, alterou o limite para o crédito do ICMS destacado a maior em documento fiscal, independentemente de autorização da Secretaria da Fazenda, de 50 (cinquenta) para 1.000 (mil) Unidades Fiscais do Estado de São Paulo - UFESPs.

Resposta à Consulta Tributária 27564/2023, de 03 de maio de 2023.
https://legislacao.fazenda.sp.gov.br/Paginas/RC27564_2023.aspx

Sempre lembrando que:

> ***"A Resposta à Consulta Tributária aproveita ao consulente nos termos da legislação vigente. Deve-se atentar para eventuais alterações da legislação tributária."***

(Mas, é bom saber o que a fiscalização pensa a respeito do assunto, não é?)

---

[48] https://legislacao.fazenda.sp.gov.br/Paginas/Portaria-SRE-84-de-2022.aspx

9. Considerações finais

E aí? O que você achou de tudo isso que foi comentado até aqui?

Não sou dona da verdade e não sei tudo. Mas, gosto de entender por qual razão as coisas são feitas da forma que são. E mesmo quando é o sistema que "faz", é importante que um ser humano tenha o controle da situação.

E é esse conhecimento sobre o "como e porque é feito" que possibilita que sejam evitados erros e, consequentemente, penalidades para as empresas por não observar as disposições legais.

Devemos evitar o "sempre foi assim" e o "todo mundo está fazendo isso" como resposta para o que não conhecemos.

Eu, sinceramente, acredito que é muito difícil uma empresa cumprir 100% do que é estabelecido na legislação. E por vários fatores: há situações novas e que não estavam previstas nas práticas rotineiras da empresa, há situações de emergência em que não há tempo hábil para uma avaliação mais cuidadosa e ... infelizmente, há sempre um coleguinha que foge do controle e sabota todo o trabalho dos profissionais da área Fiscal (nada pessoal ...).

Uma situação ou outra que fuja do controle não é caso para desespero. O problema é quando tudo está fora do controle. Por isso, como já disse no início, é necessário ter uma boa dose de paciência e disposição para muita comunicação. É necessário um trabalho de formiguinha, de conscientização (principalmente, dos gestores) e de orientação.

A partir do momento em que os responsáveis pela empresa tiverem conhecimento que trabalhar certo e dentro do que estabelece a legislação pode ser uma forma de economizar recursos, evitando retrabalhos, perda de tempo e penalidades por parte da fiscalização, tudo ficará mais fácil.

Espero ter contribuído um pouquinho para o seu aprimoramento profissional. Meus votos de muito sucesso e felicidade!

Contato e publicações:
https://www.linkedin.com/in/dulcineiasantospro/
https://www.youtube.com/@dulcineiasantospro
https://www.instagram.com/dulcineiasantospro/

9.1 Onde encontrar a legislação sobre a NF-e

A legislação utilizada na Nota Fiscal pode ser encontrada em vários lugares, dependendo do tipo de norma.

Há um portal da NF-e, reunindo a legislação publicada em âmbito nacional e as normas técnicas, relativas ao preenchimento do documento eletrônico, como:

- Manual de Orientação ao Contribuinte – MOC
- Orientação de Preenchimento da NF-e
- Notas Técnicas e Perguntas e Respostas
- Tabela cBenef x CST
- Tabelas de países, de unidades de medida e outras utilizadas na NF-e.

Ajustes SINIEF, Protocolos e Convênios estão na página do CONFAZ.

Na página da Receita Federal do Brasil temos Instruções Normativas e Decretos, como o Regulamento do IPI.

Na página do Governo Federal estão disponíveis as Leis, os Decretos e outras normas. No âmbito estadual, é necessário verificar qual é a Unidade da Federação que se quer consultar.

A seguir, endereços que podem ser úteis.

9.2 Legislação Federal

Conselho Nacional de Política Fazendária - CONFAZ
https://www.confaz.fazenda.gov.br/

Portal da Legislação (normas publicadas pelo Governo Federal)
http://www4.planalto.gov.br/legislacao/

Portal Nacional da NF-e
https://www.nfe.fazenda.gov.br/

Receita Federal do Brasil
https://www.gov.br/receitafederal/pt-br/acesso-a-informacao/legislacao
https://www.gov.br/receitafederal/pt-br/acesso-a-informacao/legislacao/outros-atos-de-interesse-tributario-e-aduaneiro

9.3 Legislação Estadual

AC - Acre
http://sefaznet.ac.gov.br/nfe/

AL - Alagoas
http://www.sefaz.al.gov.br/nfe/

AP - Amapá
http://www.sefaz.ap.gov.br/detalhe?id=7

AM - Amazonas
http://sistemas.sefaz.am.gov.br/nfeweb/portal/index.do

BA - Bahia
http://www.sefaz.ba.gov.br/scripts/default/nfiscal.asp

CE - Ceará
http://nfe.sefaz.ce.gov.br/pages/index.jsf

DF - Distrito Federal
https://receita.fazenda.df.gov.br/

ES - Espírito Santo
https://internet.sefaz.es.gov.br/informacoes/nfe/

GO - Goiás
https://www.economia.go.gov.br/receita-estadual/documentos-fiscais/nfe.html

MA - Maranhão
https://sistemas1.sefaz.ma.gov.br/portalsefaz/jsp/pagina/pagina.jsf?codigo=11

MT - Mato Grosso
https://www.sefaz.mt.gov.br/portal/nfe/

MS - Mato Grosso do Sul
http://www.nfe.ms.gov.br/

MG - Minas Gerais
http://www.sped.fazenda.mg.gov.br/spedmg/nfe/

PA - Pará
http://www.sefa.pa.gov.br/index.php/orientacoes/sped/1444-nfe

PR - Paraná
https://sped.fazenda.pr.gov.br/NFe/Pagina/Legislacao-Estadual

PB - Paraíba
https://www.sefaz.pb.gov.br/
https://www.sefaz.pb.gov.br/servirtual/documentos-fiscais/nf-e/consulta-completa

PE - Pernambuco
https://www.sefaz.pe.gov.br/Servicos/Nota-Fiscal-Eletronica/Paginas/Apresentacao.aspx

PI - Piauí
https://portal.sefaz.pi.gov.br/documentoseletronicos/portal/nfe/

RJ - Rio de Janeiro
http://www.fazenda.rj.gov.br/

RN - Rio Grande do Norte
http://www.set.rn.gov.br/contentProducao/Aplicacao/SET_v2/nfe/gerados/inicio.asp

RS - Rio Grande do Sul
https://receita.fazenda.rs.gov.br/lista/2933/nf-e-(nota-fiscal-eletronica)

RO - Rondônia
https://www.sefin.ro.gov.br/conteudo.jsp?idCategoria=524

RR - Roraima
https://www.sefaz.rr.gov.br/

SC - Santa Catarina
https://www.sef.sc.gov.br/servicos/servico/62/NF-e_-_Nota_Fiscal_Eletrônica

SP - São Paulo
https://portal.fazenda.sp.gov.br/servicos/nfe

SE - Sergipe
https://nfe.sefaz.se.gov.br/home

TO - Tocantins
https://www.to.gov.br/sefaz/

Referências

BRASIL. Conselho Nacional de Política Fazendária. Ajuste SINIEF nº 07, de 30 de setembro de 2005. Dispõe sobre a Nota Fiscal Eletrônica – NF-e.

BRASIL. Conselho Nacional de Política Fazendária. Convênio SINIEF s/nº, de 15 de dezembro de 1970. Institui o SINIEF, documentos e livros fiscais.

BRASIL. Conselho Nacional de Política Fazendária. Convênio ICMS nº 142, de 14 de dezembro de 2018. Dispõe sobre os regimes de substituição tributária e de antecipação de recolhimento do ICMS com encerramento de tributação, relativos ao imposto devido pelas operações subsequentes.

BRASIL. Constituição (1988). Constituição da República Federativa do Brasil: promulgada em 5 de outubro de 1988.

BRASIL. Decreto nº 6.022, de 22 de janeiro de 2007. Institui o Sistema Público de Escrituração Digital - SPED.

BRASIL. Decreto nº 7.212, de 15 de junho de 2010. Regulamenta o Imposto sobre Produtos Industrializados - IPI.

BRASIL. Lei nº 5.172, de 25 de outubro de 1966. Código Tributário Nacional.

BRASIL. Encontro Nacional de Coordenadores e Administradores Tributários Estaduais (ENCAT). NF-e Manual de Orientação do Contribuinte, Visão Geral e Anexos I e II - Versão 7.00 – Novembro de 2020.

BRASIL. Receita Federal do Brasil. Instrução Normativa nº 1009, de 10 de fevereiro de 2010. Adota Tabelas de Códigos a serem utilizadas na formalização da Escrituração Fiscal Digital (EFD) e nas emissões da Nota Fiscal Eletrônica (NF-e).

BRASIL. Senado Federal. Resolução nº 22, de 19 de maio de 1989. Estabelece alíquotas do ICMS nas operações e prestações interestaduais.

BRASIL. Senado Federal. Resolução nº 95, de 13 de dezembro de 1996.

BRASIL. Senado Federal. Resolução nº 13, de 25 de abril de 2012. Estabelece a alíquota de 4% para o ICMS nas operações interestaduais com bens e mercadorias importados do exterior.

SÃO PAULO. Coordenadoria da Administração Tributária. Portaria CAT nº 162, de 29 de dezembro de 2008. Dispõe sobre a Nota Fiscal Eletrônica - NF-e.

SÃO PAULO. Decreto nº 45.490, de 30 de novembro de 2000. Regulamento do ICMS de São Paulo.

SÃO PAULO. Respostas à Consultas Tributárias da Secretaria da Fazenda de São Paulo.

www.ingramcontent.com/pod-product-compliance
Ingram Content Group UK Ltd.
Pitfield, Milton Keynes, MK11 3LW, UK
UKHW021956190726
13853UKWH00004B/1561

9 786500 703566